名伯楽

粕谷一希の世界

藤原書店編集部編

藤原書店

粕谷一希
（1930-2014）

天皇陛下の園遊会に出席の折，幸子夫人とともに

名伯楽　粕谷一希の世界　目次

本文写真　市毛實

名伯楽　粕谷一希の世界

私の生涯は本に明けくれてしまった。

東畑精一さんのことば「読書とは読むものでなく持つものだ」をよいことに、玄関から書斎から、廊下、物置まで本に埋まっている。

主題は、ジャーナリズムとは何かで貫かれている。学問が体系的思考だとすれば、メディアはコラムを単位に艶やかな伸び伸びとした文筆が第一である。はたしてそれに価いするかどうか。

粕谷一希

ある出版人の死

作家　塩野七生

つい先日、粕谷一希という名の一出版人が世を去った。八十四歳の死であったから、今の若い人たちには「という名の」としないと通じないかとそう書いたが、単なる編集者ではなく出版人としたい人である。出版という手段を駆使して、当時の思想界の動きを変えようとした人でもあった。敗戦後長く日本の言論界を支配してきた観念的理想主義に抗して、同じく理想主義でも現実的な視点に立つことの重要さを、数多くの才能に書かせることで日本に広めようとした人である。

彼が舞台にしていたのは『中央公論』で、当時のこの雑誌の販売部数は十五万もあったというから、名実ともに日本のオピニオンリーダーであったわけだ。いかに「質」が良くても「量」が充分でないと、つまりは適度にしろ読まれないと、影響力は持てないのである。福田恆存、永井陽之助、山崎正和、高坂正堯、萩原延壽《のぶとし》、この人々が、現実的理想主義の旗手たちであった。

この一事こそが粕谷一希の最大の業績と思うが、これに対する正当な評価はいずれ誰かがするにちがいないので、ここではごく内輪な話に留める。なにしろ、福田先生を除いた全員が、若いのは三十代に入ったばかり、年長者でも四十代という若さだった。これが、当時言われた「粕谷学校」である。ただ、学校と言っても粕谷さんが主宰するからには厳粛な雰囲気などは薬にしたくもなく、話されるテーマはまじめなものなのに常に笑いに包まれながら進むという具合で、年に二、三回しか帰国しない私には実に愉しく、それでいてためになる集いだった。プラトンの『シンポジオン』をまねてかどうかは知らないが、いつも美味い料理と酒つきであったのはもちろんだ。

あるとき、永井陽之助が言った。「アメリカで聴いたジョークなんだが、世界で四つ存在しないものがあるというんだ。アメリカ人の哲学者、イギリス人の作曲家、ドイツ人のコメディアン、日本人のプレイボーイ。これでは日本の外交が上手く行くはずもないよね」。まったく同感だ。プレイボーイとは、最少の投資で最大のリターンを得る才能の持主であり、日本の外交担当者は、常にこの逆であったのだから。

別のときに永井さんは、柔構造社会について話してくれた。「柔構造」を辞書は、剛性よりも弾性と安定性を主とする耐震構造で、経済や社会上でも、硬直的でないがゆえに弾力と復元力の強い構造、と説明している。

このときの永井さんの話は、その後も長く私の頭から離れない。『ローマ人の物語』を書いているときも、古代のローマは柔構造社会であったのか、と考えつづけた。なにしろ、国会に当る元老院での演説の冒頭は常に、「建国の父たちよ、新たに加わった者たちよ」で始める国であったのだ。こうなると、そのローマの社会構造はいつ頃から硬直化して行ったのか、また硬直化の原因は何であったのか、も考えたくなるのは当然である。

粕谷学校での私は最年少で一人だけの女の子でもあったので、ほんとうのところは相手にしてもらえないときのほうが多かった。それでも彼らは私に、からかうという感じでも忠告は与えてはくれたのである。

山崎正和は言った。「キミの作品はどの賞からも少しずれているんだ。だから、賞には縁がないと思ってあきらめるんだね」私の頭はなぜか、美味い料理と酒が入るとフル回転するように出来ている。それでこのときも即座に言い返せたのだが、常に颯爽としている山崎さんには気後れがしたのか口には出せなかった。だが、胸の内ではつぶやいていたのだ。どの賞からも少しずれているということは、それらの賞の選考委員たちが該当作の範囲を少しばかり広げてくれさえすれば、たいていの賞はもらえるということですよね、と。しかし、今になって思えば、山崎さんの予言のほうが正しかったのである。私もこれまでにいくつかの賞はもらったが、そのほとんどは別の人との同時受賞で、この賞にふさわしいと万人が納得する感じの人との抱き合わせであったのだから。一度くらい一人で堂々と受賞してみたいと思うが、それも夢で終わりそう。

高坂正堯は私にとって、歴史にかかわることならば何でも話せる相手だった。それで何を書こうが真先に意見を聞くのが彼だったが、そのたびに高坂さんは、親切に問題点を指摘してくれたものである。

あるとき彼はこんなことを言った。「歴史を書きつづけているとメランコリックになるよ。ツヴァイクも自殺したし」

この言葉は私に、以後も長くつづく命題を与えたのである。ペシミストになるのはなぜか、そうならないで歴史を書きつづけるにはどうしたらよいか。これへの対策は見つけたのだが私の執筆活動の根本にふれることなので、くわしくは別の機会にゆずることにする。ただしこんな具合で、粕谷学校は私にさえも、眼を開かせ考えさせる機会を与えてくれたのである。

人に書物を勧めるのは、御節介のようで好きではない。だが、今回だけは禁を破る。まるで墓前に供える花束でもあるかのように、藤原書店から『粕谷一希随想集』三巻の刊行が始まった。粕谷さんが誰と会い、何を話し、その出会いが何を考えさせ、その果実がどのような形で発表されたかのすべてを網羅した三巻である。一昔前の日本に花開いた、知性の集合の観さえある。そしてこの三巻を読めばあらためて、永井陽之助、萩原延壽、山崎正和、高坂正堯の全著作も読みたくなるのではないか。この人たちの著作こそは電子書籍化して、緑陰で読むのに最適と思うのだが。電子書籍のメリットは、何十冊になろうとどこにでも持っていけることにあるのです。

（二〇一四年六月二十四日記）

弔辞――同時代イデオロギーの横着ぶりを嫌った君へ

東京大学名誉教授
芳賀　徹

粕谷一希君、私は、いまは亡き君の御霊《みたま》の前に立っております。幽明境を異にするとは、まさにこのことでしょうか。もう君と、山手線の電車の中や誰かのお祝いの会などで久しぶりに会って、「おう」とか「よう」とか、互いに不愛想に、しかし友情と信頼をこめて挨拶しあうことはかなわなくなりました。君が『東京人』編集長の終りの頃に始めた月例の「東京史遊会」で、発表者とわれわれとのにぎやかなやりとりを、君が面白がって司会していた、あの寛容な大人《たいじん》の笑顔を見ることもできなくなりました。君がにわかに亡くなって、ほんとうに私の身辺も、世の中も、淋しくなってしまいました。

私が君にはじめてめぐりあったのは、日本敗戦後三年目の一九四八年の春、旧制第一高等学校に最後の生徒として入学し、駒場第一本館一階の文科乙類の教室に入っていったときでした。君は満十八歳、私は十六歳、同級の高階秀爾などはまだ声変りもしていないような感じの少年でした。四十名ほどのクラスの中で、君は本間長世などとともに、その頃からすでに老成した兄貴分の風格をおびておりました。

あれから、つい先週の金曜日、五月三十日まで、実に六十六年におよぶ長い絶えることのないつきあいでした。お互いに半年や一年会わないでいても、あいつはあそこにいて仕事をしている、だからこちらも当分は安心だ、と思う奇妙な信頼感がいつも私たちの間にはありました。

それでも、旧制五中出身の君と、高師附属中出のわれわれを、急速に親密にしてくれたのが、竹山道雄先生の存在であったことは、忘れることができません。竹山先生は文乙、つまりドイツ語を第一外国語とする私たちのクラスで、週四コマほども初級文法を教え、先生も生徒も退屈してくると、その合間にゲーテの「旅びとの夜の歌」や「ミニョンの歌」などの詩をいい発音で聴かせてくれたのです。「竹山さんは偉いぞ、面白いぞ、こんどみんなでお宅に押しかけよう」と君が言ってきたのは、新制東大の卒業近くになってからのことだったかもしれません。本間、高階、私、それに平川祐弘や仏文の清水徹など、君に引き連れられてはじめて鎌倉の竹山邸にうかがったのでした。

このたび藤原書店から出た『粕谷一希随想集』第Ⅰ巻の「忘れえぬ人びと」には、小林秀雄や林達夫、田中美知太郎や松本重治など、君が敬愛した先人たち、また萩原延壽や永井陽之助、高坂正堯など、君が『中央公論』の編集長として論壇に押しだした同世代の学究たちについての、回想や人物評が載っています。どれも配慮のゆきとどいた味わい深い文章です。清水幾太郎、鶴見俊輔といった元来進歩派のオピニオンリーダーであったような人々についてさえ、編集者としての友情とユーモアとをこめて巧みな思想史的肖像を描いてみせています。だが、それでも、それらの先人、同輩の中で、君が最後まで頭の上らなかったのは、やはり十代の生徒として学んだ竹山道雄先生だったのではないでしょうか。

ほの暗い竹山家の座敷で、あるいは鎌倉駅に近い喫茶店で、若い私たちはなんという敬愛の念と憧れとをもって、先生のゆったりとして、皮肉と微笑を混じえたお話を聞いていたことでしょう。いったい何度、先生との談論風発をたのしんだことであったでしょう。ゲーテからニーチェにいたるドイツ詩人たちのこと、ヴェネチアの小島トルチェルロのこと、奈良の仏たちのこと、ナチスのこと、ロシア・中国の共産党のこと、と思うと旧一高の秀才たちや安倍能成校長のこと、江戸の漢詩人亀田鵬斎《ぼうさい》のこと、そして東京裁判のこと、二・二六事件のこと――この真にリベラルな保守派教養人の豊かな経験と洞察から湧いてくる言葉は、私たちの身と心に沁み、一語一語に世界と歴史への眼を開いてくれたのでした。やがてみずからもリベラル保守の編集者となって、同時代の日本に立ち向かい、言論の闘いのきびしさもそのよろこびも心痛をも知った粕谷一希、君もやはり最後まで竹山門下の一人であり、その思想と教養と知的勇気とのすぐれた継承者だったのだと、いまあらためて思わずにはいられません。

君との思い出は尽きません。一緒に歌った旧一高の寮歌にもあったように、「春愁心結ぼれて／追憶《おもひで》の袖しほるれば／昔語りはこゝろせん」であります。それでもどうしても語らずにいられないのは、一九六一年、昭和三十六年の九月か十月のある日の情景のことです。よく晴れた日の午後、君は仏文の清水徹とともに不意に駒込曙町のわが家にやって来て、私の小さな書斎の外の庭先に立ったまま大きな声で言いました。「おい、芳賀、お前の論文、評判いいな」と。私は比較文学の恩師島田謹二先生の還暦記念論文集のために「明治初期一知識人の西洋体験――久米邦武の米欧回覧実記」という岩倉使節団に関する論文を書き、それが出てまもないときでした。私がはじめて明治日本について書いたその論文のことでした。

あれはほんとうに嬉しかった。パリ留学から帰っても定職もなく、内心不安で一杯であったときに、汲みたての井戸水を頭からかけてくれたような感じでした。私はあの日から近代日本比較文化史という自分の仕事の意味を自覚し、研究の方向にはじめて自信と誇りを得たような気がします。その五年後、一九六六年の秋に、君は米国国務省の招聘でアメリカからさらにヨーロッパ、ソ連までの旅をしたのでしたが、その途中、ちょうどプリンストンにいた私のもとを訪ねてくれて、互いに東西の政治のこと、学界のことを論じて一夜を明かしたのも、いまは遠い愉快な思い出です。

君が中央公論社を辞し、都市出版を興して雑誌『東京人』や『外交フォーラム』を創刊してからは、なおさら親しく君は私を励まして大小の論文やエッセイを書かせてくれました。君が先週亡くなって数日後、都市出版の人が『東京人』創刊号（一九八六年一月）に載った、君が司会の座談会のコピーを送ってくれました。この新雑誌の編集委員に任じられた芦原義信、高階秀爾、それに私の三人が、編集長粕谷一希の巧みな誘導のもとに、いかにも気楽に愉快に「住みにくいか

ら面白い東京」を論じあっています。あの大塚の豆腐料理屋での一夕が実になつかしくよみがえっ
てきます。

やがて藤森照信、陣内秀信、鈴木博之氏ら建築史の俊秀をも、川本三郎氏のような脱・反体制の文人をも、陣営に加えて、東京論、都市文明論を大いに盛り上げたのは、変ることない目利き粕谷の大手柄でした。同時代の支配的イデオロギーの横着ぶりを嫌って、いつもそこから二歩三歩、いや五歩離れて、リベラルの眼で学界、論壇、文壇を眺めては、志を同じくする、あるいは未来への予感を共有する先達または若手俊英を見つけだしては、単に雑誌のみならず日本という国の新しい文化をともに編集してゆく——いま振り返れば、それが八十四年の生涯をかけて君がなしとげてきた大きな仕事でした。

粕谷よ、君がいなくなって、身辺まことに淋しく頼りなくなった。だがきっと誰かが君のあとを立派に継いでくれるのでしょう。君はそちらの世界で、田中美知太郎先生や竹山先生や高坂正堯さん、萩原延壽さんらと、「やあ」と挨拶し、久しぶりにゆっくりと閑談をたのしんで下さい。ひたすらに大兄の御冥福をお祈りいたします。

二〇一四年六月六日
護国寺桂昌殿にて
旧友　芳賀　徹

旧制五中時代の粕谷一希

評論家　高橋英夫

粕谷くんと私は、昭和十八年四月に東京府立五中（現・小石川高校）に入学した。粕谷はA組、私はC組。直接には知らないうちに、粕谷というすごいヤツがA組にいる、という噂が耳に入った。彼は、クラスに閉じこもらず、外に出てゆき、これはと思えるヤツに話しかける。上級生や先生たちに対してもそうで、国語の真田幸男先生のような、話をわかってくれる先生の懐に入っていった。編集者粕谷一希のスタイルの、少年的な初期形態が、既にそこにあったのだ。

五中は、一口に言えばリベラルな校風だった。一中から四中までは明治以来の歴史があるが、五中の設立は大正リベラリズムのころ、初代校長伊藤長七の方針でそういう方向をとった。制服も詰襟ではなく、少年紳士然とした背広の制服だった（我々の学年は戦争末期だったので、全国共通のよれよれの詰襟で、ついに背広を着ることはなかったが）。五中のモットー「立志、開拓、創作」は忠義孝行といった、道徳的、教訓的なガチガチの標語と全然違う。こうした学風は、自分にとって満足のいく話し相手、手応えのある人間を求めていた粕谷の思いに応えるものだった。

昭和十九年末には、まだ中学二年生だった我々も、学徒勤労動員をうけ、滝野川の上中里にあった大蔵省印刷局の工場で働くことになった。この頃にはB29の本土来襲が始まり、翌二十年にかけて大きな空襲が六、七回あった。東京の中心部は次々と焼かれて大勢の人が亡くなり、本当にひどい状況だった。それでも鉄道は動いていて、私たちは毎日工場に通った。

私の住んでいた江古田は東京でも田舎の部類で、B29も気まぐれに一発焼夷弾を落とすくらいだったが、粕谷が住んでいた雑司ケ谷は、四月十三日の空襲で全焼した。

彼は四月に入ってすぐの頃から真田先生に相談していたのだろう。ある日、夕方の終礼のときに、「A組の粕谷がみんなに呼びかけたいことがあるから、聞いてほしい」という真田先生の言葉に続いて、粕谷が壇上に立ち、二百人以上の同級生の前でトツトツと、熱く思いを述べだした。――こんなに追い詰められて、日本の将来はどうなるのか。中学生にはできることは限られているが、志ある人は自分と一緒に考えてもらえないだろうか。――かなり長い、真情の披瀝だった。

憂国少年の魂の叫びである。私は驚き、彼の勇気と真情に心がふるえた。実際に、何人かが「開拓挺身隊」として集まり、校内の宿直室に合宿して議論し合ったらしいが、私自身は、彼への共感を直接伝えたりはしなかった。心から粕谷を支持し、尊敬していたが、遠巻きにして何もできなかった。がっしりした体格、目も口も鼻も大きな、迫力のある顔で、年上に見える彼。早熟で、大人の本も読んでいた。自分の周りの子供っぽい友達と付き合っていた私には、近寄りがたい存在だった。

昭和二十年、敗戦を迎えると、我々は学校に戻り、焼けた校舎の代わりに別の建物を借りて、一年半の勉強を取り戻すために授業を受けた。翌昭和二十一年には四年生になったが、そのときのことで一つの記憶がある。

それは秋の創作展（学園祭）の思い出である。粕谷と私が属していた文芸部では、それぞれの手書きの文章を綴じ合わせた冊子を作成することになり、彼は河合栄治郎についての小論文を、私は『万葉集』論を書いた。

当時、中学の教材に『万葉集』は入っていなかったが、東大で佐佐木信綱の『万葉集』講義を聴講していた真田先生は、中学四年のわれわれに『万葉集』の授業をしてくれていた。その授業を頭の片隅に置き、私は斎藤茂吉の『万葉秀歌』上下、子供向けの『萬葉集物語』、阿部次郎の『三太郎の日記』だったかに入っている『万葉集』論などを読み、自分なりの論をまとめた。粕谷は、それに感心してくれたのだ。

粕谷くんの河合栄治郎論も力作だったが、最後の一、二枚になって調子が落ちていた。頑張って書いたが力が尽きた、ということが最後に正直に書かれていた。ただ、彼は、河合栄治郎が編集した日本評論社の「学生叢書」を、恐らく全て読んでいて、それを通じて、河合栄治郎とは何者かを知っていたのだろう。一方、子供だった私には、マルキストではないものの戦時中の当局の禁忌に触れて東大教授を免職になり、浪人生活のなかで「学生叢書」を編集した河合栄治郎という存在は、半分わけがわからなかった。大人の世界というものがわかっていなかったのだ。

創作展の優秀者は全校生徒の朝礼で紹介されたが、そこに私の『万葉集』論も選ばれていた。粕谷にしてみれば、自分の作品は論評されず、高橋が褒められたのは、複雑な思いもあったことだろうが、このとき、こいつの内部には何があるのだろうと思ったのかもしれない。

創作展が終われば、翌年春に向けて高校の受験勉強一色となる。五中からは四年五年合わせて二十人ぐらいが一高を受け、合格した私は五年生には進級しないことになったので、粕谷は、これで別れてしまうのは残念だと私に手紙をくれ、わが家を訪ねてきた。それは、後に私がある評論で使った用語をもってすれば、「友情の人《ホモ・アミクス》」粕谷くんの積極的行動だった。

翌年には粕谷も一高に合格し、そこで芳賀徹、本間長世、高階秀爾などの東京高師附属中出身者や、都立三中出身の清水徹、横浜一中出身の行天豊雄といった面々と同級生になった。理科に入った平川祐弘もこの年だ。この年は、一高八十年の歴史の中でも最高に人材の集中した年である。優れた同級生に囲まれ、彼自身も一高生活を満喫しただろう。

やがて中央公論社の編集者となった粕谷は、私に『ホモ・ルーデンス』の翻訳の仕事をあてがってくれたし、その後も『中央公論』編集長として私に原稿を書かせ、最初の著書『批評の精神』を出すところまで伴走してくれた。いつ潰れてしまうかと、彼がはらはらしていた感じは今でも憶えている。

とはいえ、彼には私に対する批判的な気持ちも明らかにあった。もっと人と付き合って、どんどん発言しろ、という思いがあったはずだ。たしかにその通りなのだが、子供のころから一人のことが多かった私には、文筆の仕事が性に合っていたらしく、四十年、五十年とただ文章を書き続けてきた。粕谷も、良いとは思わないまでも、これがこいつなんだ、という気持ちで認めてくれてもいたと思う。そんな私は、彼の交友圏では少々異質だったのかもしれない。

粕谷くんは小学校五年のとき一年休学している。最近彼の文章（または発言）で、それが肺門リンパ腺炎だったことを知り、驚いた。休学後はすっかり頑健になったのだが、私も小学校一年のときこじれた風邪で長期間休んでいる。これがやはり肺門リンパ腺炎で、ポータブルの装置でレントゲンを撮られたのは怖かった。私の場合、規定では出席日数不足だが、父親が兵隊にとられていた私を気の毒がった先生が校長にかけ合い、何とか進級できた。もしあのとき留年していたら、五中を受けて合格しても同じ学年ではないから、友達にはなれなかっただろう。この不思議な縁の重さを、今、感じつづける日々である。

粕谷一希宛の最後の手紙

明治学院大学名誉教授　清水　徹

女房が幸子夫人から頂いたお手紙によると、きみはいま寝たきりになってしまったとか。お見舞いに行こうかとも考えたが、寝ているきみの横に座って三十分ほど話をするという「見舞い」も味気ないと思って、とりあえず手紙を書くことにした。以前から心臓がよくないという話は聞いてはいたが、そのためだろうか。まあ、われらすべて八十歳を過ぎていて、みんなどこか調子がよくないのは当然のこと。小生は幸い目立って具合の悪いところはないけれど、頭のレントゲンを撮ると、あちらこちらに小さな脳梗塞の跡があるという話だし、右膝が痛くて歩くとびっこを引く。自覚的に頭の働きが駄目になったということはないにしても、仕事をしていて、以前ほど頭の回転はよくはない。何というか、持続的に深く考えることが、いくらか苦手になったような気がする。

死ぬまえにもう一冊ヴァレリー論を書こうと思い立って、そういえば世界中にじつに多くのヴァレリー論があるけれど、《批評家ポール・ヴァレリー》を真正面から論じた文章は、まだだれも書いていないということに気がついて、それを書こうと頭をしぼっているところなり。いざ書こうと考えだすと、だれも書いていないのも道理で、どう料理すればいいか、じつにむずかしい。途方もなく鋭敏な感性と、途方もなく明晰な頭脳とが協力した彼の批評をどう分析するか、いま山麓をへめぐっているところなり。

きみの近著『生きる言葉』とても面白く読んだ。ひとりひとりの著者を代表する文章を冒頭にかかげたうえで、その著者のプロフィールをいろいろな角度からえぐり出す、という書き方は成功していると思う。それにしても、きみは『中央公論』編集長から都市出版社長に到るさまざまな激務をこなし、多くの才能を発掘したうえに、すでに十冊以上の著書があり、さらにいま『粕谷一希随想集』が刊行されようとしている。我が身を省みてみれば、大学教師とフランス文学研究と文芸評論という三つの看板を立てながら、まだ著書はすくない。「書くより読むほうが好きなんだから」などと我が身を慰めているものの、そんな言葉は所詮逃げ口上でしかないだろう。思えば、われらの仲間たちも、本間長世はあれだけの才能をもちながら、十代に結核で三年寝ていたということが彼の気力の底にわだかまっていたせいか、ついに主著というべき書物を残さずに死んでしまった。高階秀爾は、じつにたくさんの本を書いたが、主著というべきものがない。芳賀徹も、ひところずいぶん多くの本を書いたが、このところ消息がない。そう思うと、きみがわれら旧制一高同級生のなかで一番仕事をしていると言えるのではないか。きみが編集者として多くの輝かしい才能を発掘し、育てあげたという事実も、きみの多くの著書に加えるべき業績ではないだろうか。

毎日横になっていると、きみの頭のなかにはじつに多くのことが去来していることだろう。そのなかには、書くべくしてまだ書いていない事柄も、多くあるはずだ。横になりながら、それらを反復し、深化させて、調子がよくなったら口述筆記でもして、新しい本を書いたらどうだろう。

きみとちがって、ぼくには息子がひとりきり、弁護士として銀座に事務所を開いて、まあまあ流行っているらしい。その息子も子どもを産むのが遅くて、ぼくのただ一人の孫はまだ小学校二年生。それでも、作文で賞をとったりして、わが故郷の東京深川で元気に育っている。早くもいろいろと本を読んでいて楽しみな孫だが、この子が大人になるまでは生きてはいられないだろうな、そんなことを考えながら、慈しみの眼で見つめています。親孝行な息子で、今日も「母の日」だというので、花をもって訪ねてきてくれた。晩飯は俺がつくるよと、いま台所に立っている。

ここまで手紙を書いて、読み直してみると、たとえ横になったきみの枕元に座ってきみの顔を見るというだけでも、やっぱりそのうち顔を見にゆくよ。

じゃあ、とにかく元気で。

五月十一日

旧友への鎮魂と感謝の一節

東京大学名誉教授　芳賀　徹

『粕谷一希随想集』「月報」のための原稿を書こうとしていた五月三十日の夜、共同通信からにわかに電話があって、粕谷がその日の夕方、自宅に近い病院で亡くなったと知らされた。

私は愕然とし、茫然とせざるをえなかった。私は彼がしばらく前から入退院を繰り返していることは知っていた。しかしそれでも迂闊にも、粕谷はいずれまた少しは痩せて私の目の前にあらわれて、「よお、いまは何を書いてる？　俺のための月報を早く書けよ」などと語りかけてきそうな気がしていた。

その死の前日の昼、神田如水会館で東京史遊会の何十回目かの会合があった。これも粕谷が言い出して二十年ほど前から始めた月例の研究会で、昼食を共にした後に、さまざまな分野の人から主に江戸・東京の歴史にかかわる講話を聞いては談論風発をたのしむ、というものだった。粕谷の雑誌『東京人』以来の人脈をうまく活用した催しだった。五月二十九日には、順天堂大学の酒井シヅさんの江戸の蘭方と漢方に関する報告で、なかなか盛り上った。その会の後に、私は粕谷に代って世話役を務める都市出版社長の高橋栄一氏に彼のその後の病状を訊ねた。弱りながらも一進一退を繰り返している、との答えだった。私はそれだけで安堵していた。

その翌日、容態悪化して、この旧友は亡くなったのである。日本敗戦後の三年目、一九四八年春に、共に旧制一高に合格し、一高最後の生徒として文科乙類のクラスで一緒になって以来のつきあいである。その六十六年におよぶ交友の間、一歳年長の彼はいつも兄貴分で、それとなく私の仕事ぶりを見ていては励ましてくれ、あちらこちらへと引っ張り出してくれた。文乙で主要課目のドイツ語を担任していた竹山道雄先生の偉さ、面白さをいちはやく知り、同級の本間長世、清水徹や高階秀爾、また私や平川祐弘を誘って、鎌倉で先生を囲む談論風発の集いをしきりに催すようになった、その最初の企画者は粕谷だった。

一九六〇年代半ば、私は東大駒場のフランス語の助教授でありながら、プリンストン大学のマリウス・ジャンセン教授のもとで徳川・明治の比較文化史研究をするという面白い立場にいたが、その私の宿舎に彼はアメリカからソ連に至る長旅の途中、わざわざ立ち寄ってくれて、日本の左翼進歩派に対する慷慨の論で一夜を明かす、ということもあった。帰国してみると彼は『中央公論』の編集長になっていたが、ちょうどそのころ右の竹山氏や田中美知太郎、小林秀雄、福田恆存、林健太郎氏ら、まさに粕谷の敬愛する諸先達を中心に、日本文化会議というのが発足してさかんな知的活動を始めていた。竹山門下のわれわれは、大学紛争の嵐が過ぎかけたころにこの会議に参加した。するとそこにすでに粕谷はいて、高坂正堯、永井陽之助、山崎正和、木村尚三郎、西尾幹二といった『中公』系の颯爽たる学究たちをつぎつぎに誘いこんで、大磯ロングビーチ・ホテルで合宿の研究会を大いに盛り上げたのである。田中健五氏麾下の雑誌『諸君!』が戦闘を開始し、粕谷自身も同誌にしきりに寄稿するようになるのは、それから間もなくであったか。

粕谷が中央公論を去って、やがて『東京人』や『外交フォーラム』の編集長となってからも、私はよく彼の世話になった。「外交官の文章」という長期連載を許し、励ましてくれたのも、彼の度量の大きさゆえであったろう。編集者というその長い知的キャリアの間に、彼は大きなよろこびと誇りを経験するとともに、思いがけぬ方向からのゆさぶりに言いえぬ心痛をも味わった。だが彼は言論人としての自分の使命を信じてついに揺らぐことがなかった。その粕谷のリベラル保守派としての背骨を支えていたのは、旧制五中(小石川高校)、旧制一高以来の分厚い教養教育であったろう。竹山道雄氏や京都学派の諸先達の高邁な反時代主義の教えでもあったろう。そしてなによりも、日本敗戦の悲惨の責任をすべて戦前・戦中の日本人に負わせて、みずからは「公的」なもの一切に背を向けて「私」の安逸に耽り、平和と民主主義をあたかも自前のもののごとくに自讃して恥じぬ戦後の日本人、とくにその知的指導者たちに対する嫌悪の念、戦後知識人の独善と偽善の饒舌に対する慷慨の思いこそ、粕谷というこの旧制人、半戦中派の言動をつき動かしていたのではなかろうか。

高い矜持を抱き、言いつくせぬ痛苦を味わいながらも公の使命に殉じていった戦時下日本の将兵たちに対して、私たちはいまだに十分な鎮魂の祈りを尽しておらず、従って日本人としてのアイデンティティの深みを探りあててもいないという、『戦艦大和ノ最期』の作者吉田満に寄せる粕谷一希の意外なほどに強い共感が、彼の心底の想念を伝えている。

『随想集』巻一で、旧海軍少尉吉田満を語る彼の文章を読んで、私はあらためてその真情を偲んだ。今夜は「海ゆかば」を独り低唱して、旧友粕谷を哀悼したい思いである。

粕谷一希さんの深く熱い友情

随筆家　本間千枝子

粕谷一希さんと本間長世は老年までおたがいに心友として、厚い信頼で結ばれていた。そもそもの出会いは一高だが、本間が肋膜を患ったために、望んでいた中学四年修了の一高入学に二年も遅れてしまった。

しかしそれが一年若い粕谷さんと同期で学ぶ幸せにつながった。

一高卒業後の粕谷さんは東大法学部（本郷）に進まれた。本間は駒場に新設された教養学部で学ぶことになった。この部では一高の先生だった方が授業を英語で教える試みがあったという。

粕谷さんは法学部卒業後、中央公論社に入社して編集者・ジャーナリストの道に進む。

わが家には粕谷さんの著書『二十歳にして心朽ちたり』（新潮社、一九八〇年）と『歴史の読み方』（筑摩書房、一九九二年）がいつも身近に置いてあった。『二十歳にして……』の方はアラビア石油の遠藤麟一朗氏について書かれた本であり、中には本間がつけた無数の赤線、黒線、折り目などがついている。

『歴史の読み方』の中には、本間との対談があり、国際文化会館の創立者である松本重治氏が国際的なジャーナリストとして大活躍された時代を語り合った興味深い章である。松本氏の人脈は広く発展的であり、日本に「アメリカ学会」を創設したのも、国際文化会館を設立する資金をロックフェラー氏が援助してくれたのも、松本氏の世界的な人脈によるものであったという。

本間が成城学園長時代に書いた「友情について」という文章には、名を明らかにせず次のような一部がある。

「ジャーナリズムに進んだある友人は、私が米国留学を終えて帰国した時、日本の論壇の空気を早く理解するようにと、当時の高名な評論家たちのところに私を連れまわしてくれた。その後、彼が仕事で苦しい立場に置かれた時は、私が彼を励ます役となった。彼みずからが事業を始めてからは、私の力が及ぶかぎりに彼を支えている。

何年か前から、この友人は自分が死んだら葬儀委員長は本間に頼むよ、と言い始めた。彼は勝手に自分の方が先に死ぬと決めている。私は、彼への弔辞であれば今から書いておいてもよいような気がするが、こちらの方が先に逝くかも知れず、弔辞の原稿はまだ用意していない。」

そういえば粕谷さんが都市出版を創立して月刊誌を発行することになった時、その誌名を『ニューヨーカー』にちなんで『東京人』にしては、と提言したのは本間だった。

そして、やはり本間が先に他界した。お別れの会が行われた日、粕谷さんは長い病院入院生活の最中だったが、突然に痛々しい足どりもおぼつかぬ姿で会場に現れた。私はその厚い友情に胸を打たれたが、御自身のことが心配でたまらず、感謝の言葉が出て来ない。

男性の友情は深く熱い一途なものがある。

年長者としての粕谷一希

東京大学名誉教授　平川祐弘

粕谷一希と同窓であった幸せに恵まれた私だ。関係を述べて礼としたい。若いころの私は人見知りで進学先でも同じ中学の同級生とばかりつきあった。そんなだから同じ年に粕谷と一高に入ったが、口は利いたことがない。しかし彼の組には私と同じ中学の芳賀徹などがいて、しきりと竹山道雄先生の話をする。占領軍の手で廃校と決った一高に対し竹山は愛着があり、熱をこめてこの最後のクラスを教えたのだろう。一九四九年、竹山は持ち出しで新制東大受験のためにその文乙生徒にドイツ語を教えた。本間長世や高階秀爾は英語でなくドイツ語で受験した。付属中学出身者には進取の気風があり、それでしめしあわせた訳でもないのに、新制東大に入学するや、その学年のみに存在した独語既修仏語未修の小人数クラスを選んだ。その連中が後年教養学科を経てアカデミックな道へ進み、英語を駆使して国際的に活躍したのだから面白い。

実は粕谷はそこが違う。三〇年早生れの彼は三一年遅生まれの私より年長だが、新制東大の試験を一回しくじり、私たちのように駒場の後期課程へ進まず、法学部へ行き、中央公論社に入社した。粕谷はジャーナリストの道を進んで早く現実世界の荒波に鍛えられた。

その文乙の連中は卒業後も鎌倉の竹山家へ遊びに行った。かつて竹山のクラスにもぐって出た私もその驥尾に付した。留学帰国後のある日、本間が「竹山先生が「平川君はどうしている」といっていたよ」という。それで次の時に私も同行した。夏の夕方、瑞泉寺の坂を登りながら、『中央公論』副編集長の粕谷が気楽に竹山先生と話すのみか、からかっている。「偉くなったものだ」と後ろで私は思った。後年その話をしたら粕谷は「同輩は次々と留学し、さらには母校の講師に就職する。淋しかった」といったが、就職もできぬ私には粕谷が偉く見えた。そして事実、偉物だったのである。

粕谷が偉物である所以は多々ある。『中央公論社と私』に出ているが、安保闘争の時代、出版界は特に左傾した。その時流に合わせないと人間息苦しいが、粕谷は筋を通した。これには家庭背景も学生時代の交友も関係しているだろうが、只者でない。その粕谷は編集者の職業柄、和辻哲郎など大学者と接する機会に恵まれた。その時に学習する者とそうでない者といる。粕谷は前者だ。本もよく読んだが耳学問も積んだ。それだから『戦後思潮』などで知識人の肖像を縦横に描くこともできた。粕谷編集長は勘も働いた。人脈を生かして『中央公論』や『歴史と人物』に新人を起用した。私も助教授となるや声がかかり、「森鷗外における西洋と日本」、「乃木将軍と森鷗外」などを寄稿した。「クローデルの天皇観」を書いた時は「天皇制を肯定して書くと論壇では不利だぜ」と注意してくれたが、私は立場を変えない。当時の粕谷は私を速筆と勘違いしたが、私には書くべき主題が頭の中の棚に整理してあり、注文に応じて仕上げるだけだから、すぐ完成原稿が届いたまでである。

粕谷は出版界の大御所となり正月、雑司ケ谷の自宅に多数の人が集まった。『竹山道雄著作集』を出すよう福武書店に口を利いてくれた。中央公論社を退社した粕谷は次々と書いた。だが根が編集者だ。『東京人』はじめいろいろ出版に関係し、苦労もあったと思うが弱音を吐かない。粕谷との対談の際、私は気をゆるしてストーカーに及んだ私の元学生の話をしてしまい、その男に訴えられたことがある。ふだんなら年長の彼の知恵を借り、助言を乞うところだが、体を病む粕谷に余計な心配をかけまいと内緒にした。幸い相手が敗訴したので粕谷の対談集『書物への愛』は絶版にならずにすんでいる。

巨星墜つ——粕谷一希の死

初代内閣安全保障室長　佐々淳行

私が初めて粕谷一希に会ったのは、昭和二十五年赤門に近い道だった。彼は二十一歳、旧制一高浪人の制服、黒マントに学帽には醬油で煮しめたような白線を巻いて靴墨を塗ってあり、高下駄ときてる。当時は物凄く幅の利いた昭和白線浪人の定番である白い手拭を腰に下げれば完成である。度の強そうな眼鏡を鼻にずり下げ、眼鏡の上縁越しにジロリと人を睨む。敗戦で背骨を抜かれたヘボ新制東大生など、鎧袖一触とても及ぶものではない。

「君はものを書くか?」が第一声だった。

「物を書くのはよいことだ。オレが編集してやる」。生れながらの編集長なのである。

粕谷一希は思いもよらぬ硬派だった。

常時ポケットには、当時アメリカのチンピラから伝来したバタフライ・ナイフという、カシャカシャ空中で振廻していると自然にナイフになる、戦後ヤクザの新兵器でなかなか恰好もよいものが入っている。

その彼が私にすすめた最初の原稿が『中央公論』の何とか記念号一等五万円の懸賞論文だった。大卒直後の上級職の眇たる月給一万円の警部補にとって、五万円の賞金は魅力的で、後の東大教授、坂本義和が一等賞となり、私は次点だった。折柄起ったソ連のハンガリー動乱の戦車による武力弾圧を批判した「民主的警察官はどうすればよいのか——私はブダペストの警官にはなりたくない」と題する小論文で私は文壇にデビューし、名のある進歩的文化人たちから名指しで現代魔女狩りよろしく批判された。

再起できないぐらいボコボコにされた私だったが、一旦筆を執った勢いは止らず、粕谷一希の強力な後押しによってドキュメンタリーの警察小説「佐々警部補目黒警察パトロール日記」を彼が中央公論から独立したあとの雑誌『東京人』に連載してくれ、それは警視庁の現場警察署のドキュメント小説として新人賞であり登竜門である大宅壮一賞の候補になったこともある。その後の「東大落城」の『文春』本誌連載でその年の「読者賞」をとった。さらに『連合赤軍「あさま山荘」事件』もベストセラーとなり、ＰＨＰ社から出した『危機管理のノウハウ』も文春文庫にも採用され、ハードカバー、文庫本併せるとミリオンセラーに迫るという物書きになれた。

サンケイ正論大賞も与えられ、政治評論の分野でも名前を知られるところとなれた。

私が今日あるのは粕谷一希のお蔭であると、心から感謝している。

幅広い眼くばり・才能を発見する才能

詩人、日本近代文学館名誉館長　中村　稔

粕谷一希さんは礼儀正しい人である。彼は私が学んだ旧制東京府立五中（いまの小石川高校の前身）の四年ほど後輩にあたる。いつも私を先輩として接し、言葉遣いと態度と、気遣いと、私がむしろ困惑するほど丁寧である。おそらく彼は育ちが良く、礼儀作法が身についているのだろう。

粕谷一希さんは思想的に包容力の広い人である。昭和五十二年六月から『日本経済新聞』に毎週一回「戦後思潮」というコラムの連載が掲載された。一回が四百字詰め原稿用紙で三枚ほどの短い文章だったが、とりあげる人物、思想の多彩、多様なこと、その見方の鋭く、しかも公平なこと、それでいて文章が卓抜なことに、私は驚いていたし、毎週そのコラムを読むのをたのしみにしていた。昭和五十六年三月になって、この連載は『戦後思潮』という題で日本経済新聞社から刊行され、筆者が粕谷さんであることが明らかにされた。それまで粕谷さんはこの匿名コラムの筆者が彼であることは私にも話してくれていなかった。ただ、これは匿名コラムの筆者として当然の節度かもしれない。

たとえば同書の第2章は「復活者たち」と題し、「三木清の模索の生涯／戦闘的自由主義者、河合栄治郎／正統史学のアイロニー／辺境への旅人、柳田国男／荷風・潤一郎の世界／ジャーナリスト石橋湛山／日本共産党の栄光と悲惨／吉田茂の国際感覚／南原繁と政治理念／マルクス主義的思考の復活／与件の構造」と題する項目を採り上げ、第5章は「引き裂かれた平和／竹山道雄〝不機嫌〟の意味／松田道雄――誠実な軌跡／法の窮極に在るもの／戸坂潤――堅固な批判哲学／戦闘的自由主義の系譜／主体性論者、梅本克己／小泉信三の常識と父性／ある凡人の非凡な生涯／井伏鱒二の『黒い雨』／二つの不屈の精神／歴史認識の禁欲と解放／戦争勢力と平和勢力／人民戦線の演出者／混乱する〝平和〟の意味」という項目が続いている。

第5章の「ある凡人の非凡な生涯」は山川均、「二つの不屈の精神」は中野重治と宮本百合子、「戦争勢力と平和勢力」は遠山茂樹、「人民戦線の演出者」は久野収を採り上げている。こうした目次の一端だけからも、著者の広い眼くばりだけでなく、戦後思潮の全貌が本書で展望されていることが理解されるだろう。本書は二〇〇八年に藤原書店から新装版として刊行されたが、まだしばらく読みつがれていくにちがいない。

また、粕谷一希さんは才能を発見し、育てていく資質をもった人である。たまたまローマに遊んで塩野七生さんに出会い、塩野さんに執筆を勧め、塩野さんを今日に至らせた契機をつくったことはよく知られているが、『戦後思潮』の第12章で採り上げている高坂正堯、山崎正和、土居健郎などは、この時期はまだ評価が定まっていなかったのではないか。山口昌男にしても同様だったのではないか。彼らを積極的に『中央公論』に登場させ、彼らが粕谷さんの期待に応えて、わが国の戦後思潮に新風を吹きこんだのではないか。それに似たことだが、粕谷さんはずいぶんと面倒見の良い人である。亡友いいだももの才能が埋もれることを惜しんで何とか世に出そうとし、夜遅くわが家にいいだを訪ねて、泊まりこんでいいだと話していたことがあった。残念ながら、いいだは政治活動にのめりこみ、眩しいような才能を開花させることなく死去したことを粕谷さんは残念に思っているだろう。

粕谷さんを想う

東京府立五中・小石川高校　23回　根本二郎

粕谷さんのご冥福を心からお祈り申し上げます。粕谷さんと私とは中学が同窓の旧制東京府立五中でした。その教育は、全人間的な教養教育に重点を置くものでした。

五中の校風は立志・開拓・創作でしたね。

五中は大正民本主義の流れをくみ、一九一八年に創設されたリベラルな学校だった。濃紺の背広にネクタイという制服に象徴されるように、ひとりひとりの生徒を紳士として扱い、その人格を大切にする校風だった。学校の隣は理化学研究所、その隣は東洋文庫。世界に誇るべき理科・文科系の学術機関が隣接し、五中は好学の風と全人間的教養を目指す立志・開拓・創作の校風を醸成する環境だった。

端午の節句の日には、鯉のぼりの中に風船を入れて飛ばし、全校生徒が荒川の放水路の江北橋まで往復マラソン競争を実施した。高学年から低学年まで五組の縦割りで団結した。授業は当時、蹴球と呼んだサッカーで、全校生徒が参加してクラス対抗を行った。

先生方は戦時中における外国語教育の廃止が叫ばれる風潮を戒められて、英知（フィロソフィーレン）を磨く道具としての語学の必要性をジュンジュンと説かれた。また、古今東西の名著を五十点、ガリ版で配布し読書を勧められた。

あの難しい時代にそれぞれの先生が生徒ひとりひとりの人格を尊重して、才能を引き出そうと苦闘していた姿が立派で頭が下がる想いでした。

言論の自由が保障されている今の民主社会がますます複雑になってくる状況のもと、粕谷さんのような方が問題を冷静に分析し、これを編集するのは、きわめて貴重なものであったと思います。立志・開拓・創作を思い出します。

粕谷一希先輩のこと

公益財団法人矢崎科学技術振興記念財団　理事長
尾崎　護

ある会合で出会った友人が「きみの小説の書評が『選択』に出ているよ」と教えてくれた。一九九六年の夏の初めのころだった。前年の仕事納めの日に東洋経済新報社から私がはじめて書いた小説『経綸のとき　小説三岡八郎』が出版されたところだった。

「粕谷一希さんが書いている。すごいね」、とその友人は言った。もちろん粕谷さんの令名は天下にとどろいていたから、私にも粕谷さんがどのような方であるかという知識はあった。しかし、それまで直接お話をする機会には恵まれていなかった。ただ、私には粕谷さんを身近に感じるご縁はあった。粕谷さんは旧制・都立第五中学校を卒業されているが、私はその後身である新制・都立小石川高等学校の出身である。つまり、広い意味で学校の先輩・後輩の仲であった。

運よく、その後比較的間をおかずに、粕谷さんにお目にかかる機会が得られたので、『選択』で拙作をとりあげて下さったお礼を申し上げたが、その際「実は私は小石川高校の出身でして」と言いかけると、粕谷さんは「なんだ、きみは五中なのか」とにっこりされた。その時の温顔が今でも目に浮かぶ。

その後、粕谷さんとお目にかかる機会は増えた。酒席が多かったが、お堅い場所としては公文書管理問題の勉強会がある。

福田康夫元総理はかねて日本の公文書館が、欧米先進国のみならず、隣国の中国・韓国とくらべても見劣りする状況であることに懸念を持っておられた。そこで、小泉内閣で官房長官をなさったときに、小泉総理の施政方針演説の中に公文書管理の重要性を説く数行を挿入された。それをきっかけに、日本でも公文書管理の重要性についての理解がしだいに高まった。福田元首相は首相の座につかれる前から、公文書管理のあり方についての私的な勉強会を開いておられ、粕谷さんはそのメンバーのひとりだった。私も末席に加わっていて、公文書館の存在意義、あるべき制度のイメージ、諸外国の例などについて、粕谷さんをはじめとする有識者のメンバー各位の名論卓説をうかがう機会を与えられた。粕谷さんは多弁ではなかったが、ポツリポツリと公文書管理制度の精髄に触れるような意見を述べられていた。

福田内閣の実現によって、公文書管理問題の検討は一気に進み、二〇〇九年に「公文書等の管理に関する法律」が成立したが、その基礎となった勉強会で粕谷さんから適切な助言が数多くあったことを忘れてはならない。

さる七月二十四日、粕谷さんと親しかった有志が赤坂の蕎麦屋で「偲ぶ会」を開いたが、福田元首相もご出席になった。中央公論の粕谷さんと並び称せられた元『文藝春秋』編集長・半藤一利さんの献杯の音頭で、一同そろって粕谷一希さんのご冥福を祈った。

歴史を見る目

建築史家 鈴木博之

わたくしにとっての粕谷一希さんは、都立小石川高校の先輩として登場した。小石川高校やその前身である東京都立第五中学校卒業の先輩に引き合わせてくださったり、べつの文化的集まりに声をかけてくださったりした。

なぜこのような、一種の贔屓をしてくださったのか、今に至るまで最大の謎である。中央公論での仕事をご覧になって、どこかに評価すべき点あるいは教え込むべき点を感じられたのかもしれない。それは身に余る光栄であり励みであった。のちにわたくしは、中央公論新社から日本の近代についてのシリーズ中の一巻『都市へ』を担当させて頂くことになった。この本は作家の城山三郎さんが「おもしろいよ」といってくださったと、ある編集者から聞いて、とてもうれしかった本である。こうした企画をわたくしに与えてくださるときに、粕谷さんの判断があったのではないかという気もするのである。

編集者のありかたについては、むかしこんなはなしを聞いたことがあった。仏文学者の寺田透さんが、晶文社の編集に携わっていた小野二郎さんから企画を持ち込まれたとき、「このひとは天井裏からわたしが考えていることを見ていたんじゃないかと思った。それくらい、自分のアイデアを的確に摑んでくれていた」といったというのである。これは小野さんから聞いた話だから割り引かなければいけないのかもしれないけれど、自身評論家であり、モリス主義者を標榜する小野さんであればこそ、あり得る話だと思われる。

粕谷さんも、わたくしの考えていることをどこかから見続けておられるのではないかと思われた。そして、ご著書をさりげなくお送りくださった。わたくしは粕谷さんの連絡先が分からなかったので、ほとんどお礼状も出さず、失礼なままに本だけを頂いていた。

粕谷さんは自らを保守主義者と規定しておられるが、そうした粕谷さんがなぜわたくしにこのような過分な「贔屓」をくださったのか、繰り返すが、これが最大の謎である。わたくしは一九六八年に大学を卒業し、大学院で東大闘争のなかにいて、日和見の傾向をもちながらも、封鎖の続いていた安田講堂や工学部一号館（わたくしの所属する建築学科の校舎である）に寝泊まりしていた。そうしたことがあっても、おまえの本質は保守主義なのだと粕谷さんが見抜いていたのか、それとも、もう少しリベラルになるべきであると考えられたのか、このあたりも分からない。

粕谷さんのなかにある五中から小石川にいたるリベラルな精神の流れを、わたくしにも与えようとする配慮だったのではないかと、いまになると結論づけてよいのではなかろうかと思われてくる。このような他人に対する関心、そこへの関与は、粕谷さんが歴史上の人物に対峙する際にも潑剌として働くのであろう。粕谷さんが歴史評論をおこなう際の、対象への生き生きしたアプローチは、彼が歴史上の人物をいま、ここに現前している人物と見るところに生じるものなのだ。

ここまでくればお分かりであろう。粕谷さんは、歴史上の人物をあたかも現前している存在だと見ることができる精神をもっておられる。その精神を目の前のわたくしに対しても働かしてくれたのではないかと。だからこそ、わたくしに対しても的確なコミットを行い、方向を示唆したのではないか。そこに歴史家、評論家、編集者の要素が分かちがたく結びついた彼の本領があるのであろう。わたくしはその最大の恩恵を受けることができた。

（絶筆）

粕谷さんと僕——永遠の先輩後輩関係

東京大学先端科学技術研究センター客員教授　御厨　貴

粕谷一希さんとの最初の出会いはいつだったろうか。粕谷さんが亡くなられて以来、そのことは常に頭にあった。普通なら人との出会いの時を思い出せぬ筈がない。しかしいつのまにやら、その人と切っても切れぬ関係になった印象が強い場合、記憶の帳はなかなかに上がらぬものだ。

「君は五中の後輩なんだね」と、粕谷さんと一九八〇年代に入ってまもなく、畏友坂本多加雄を介して初めて挨拶をした時に賜わった言葉だ。「いえ、五中ではなく小石川高校です」とあわてて訂正する僕を制して、粕谷さんはおもむろに口を開き、ちょっと言葉が遅れる感じで、プイッとした表情を見せながら、「だから五中でしょう」と断定的に宣もうた。もう逆らえぬ。観念して「ハイ」と小声で返事をするや、「先輩の言うことは聞くもんだ」で決まり。粕谷さんとの三十年に及ぶ直接の謦咳に接する関係はここに始まった。かたわらで腕組みをし上半身をちょいとつき出す得意のポーズをとりながら、坂本がニコニコ顔で「粕谷さんてなぁ、長幼の序みたいなもんに意外とうるさいんや、たいしたことないけどなぁ」とまぜっ返す。粕谷さんは「コラッ!」と初めて笑みをたたえて、またこいつがという表情になった。ああ、坂本と粕谷さんは深い信頼関係で結ばれているんだなぁとその時感じた。「土曜会」以来の親交であるとは後に知った。

でも待てよ、もっと前から粕谷さんという人に、いや活字の上では知っていたなと、記憶が蘇える。そう、まさに府立五中―都立小石川高の縁に連なるものなのだ。僕が高校二年の一九六八年、五中―小石川高は創立五十周年を迎え、『半世紀』という記念誌が刊行された。その記念誌の敗戦前後の記述の中に、粕谷さんのことが書かれていた。「保守の肖像」みたいな感じである。実は『半世紀』を編集したのは、東大など当時の大学紛争世代の小石川高ＯＢの面々であり、記念誌は全体として左翼的色彩が濃厚であった。にもかかわらず、戦後のあの時代に左翼に染まらず、日本の伝統や保守の営みに目をむけた粕谷さんの記述が僕にはとても新鮮にみえたのだ。

『中央公論』の編集長だと知ったのは翌一九六九年、高校三年の時で、大学紛争が高校に降臨し始めた頃だ。我が小石川高校もその洗礼を受けた。庄司薫の「赤頭巾ちゃん気をつけて」、佐藤誠三郎の「現代日本における学生と大学」といった、その後の僕の人生に大いに関わることになる先達の作品を、まさに粕谷編集長の『中央公論』で読みふけったのである。東大に入学した一九七一年、一年生の「ウェーバーを読む」というゼミのオリエンテーションで、実は粕谷さんと不可思議な形で再会した。それはどういうことか。当のオリエンテーションは人寄せのためだと、すぐ分った。本当は「中央公論」の組合労働者と提携して、反動の編集長を糾弾する集会だった。資料として彼等が出していた新聞仕立てのアジビラには明らかに粕谷編集長を鬼か蛇かの如き人非人として批難する言葉がこれでもか、これでもかとばかりに連ねてあった。だまされたと知った僕は、その場を這這《ほうほう》の体で逃げ出した。

そして東大法学部助手から都立大法学部助教授になった頃、一九七七―八一年に、粕谷さんの『戦後思潮――知識人たちの肖像』に出会った。『日本経済新聞』が別刷で「教養特集」という、紙質も異なる、文化にコミットする版を出していた時期のことだ。四頁仕立ての見開き左下の隅に「今鏡」というペンネームで、連載されたコラムである。ビジネスマンであった父がめずらしく面白い読み物があるからと奨めてくれたことを覚えている。一回読み切りで戦後思潮を形作った知識人を描いたもので、一目で年季が入った列伝と分った。僕は読み進めるうちに、第六感でこれはもしかしたら粕谷さんではないかと思い、周囲に吹聴した覚えがある。何回かのこれまでの活字上の出会いの中での嗅覚はやはり鋭かったと言わねばなるまい。
勘はみごとに当たった。中央公論社を一九七八年にやめて評論活動に入った粕谷さんの二冊目の書物として一九八一年に単行本となってお目見えしたからである。翌一九八二年に刊行された三冊目の書物『対比列伝——戦後人物像を再構築する』と共に、長く僕の研究教育上のバイブルとなった。一九八〇年代を通じて、日本政治史の講義やゼミでこの本は僕の必修のガイドブックだった。粕谷さんが中央公論社での編集生活の中で凝集した思考のエッセンスが、ここには明示されている。当時も今も僕が気に入っている文章を、次に引用しておこう。

戦争下の日本人の精神的営為は単なる悪夢であり、幻想であったのか。敗戦は、日本の明治以降の歩みの破局であり挫折であった。しかし破局と挫折を越えて、その精神的営為は遺産として生きるのである。とくに昭和十年代の知的生産性の豊饒さは、改めて注目する必要がある。そこには、民族の試練に際会しての一種の中心命題への凝集力がある。なかでも注目すべきことは、戦後日本に登場する多彩な知識人の多くが、この時期に思想と文学の発酵素を養い始めその萌芽を宿していたことである。まったく異質と思われる戦後の営為が、むしろ昭和十年代と同質で連続した性格をもつことに気づかねばならない。

粕谷さんの御宅には、坂本多加雄の誘いでよく伺った。これまた一九八〇年代のこと。二人で池袋で待ち合わせて出かけ、粕谷邸の掘りゴタツの下に足をつっ込み、酒を飲みつつ話に興じたものだ。坂本との話しに熱中すると、粕谷さんを置いてけぼりにしてしまうことがしばしば。すると「これだから都会の秀才はだめだ、坊っちゃんは始末におえぬ」と粕谷さんの上から目線的発言が出る。それに対して間髪を入れず、坂本がツッコム。「坊っちゃんて、そんな、粕谷さんかて都会の坊っちゃんでしょう。坊っちゃんが坊っちゃん言うて、どうなりますの」一同爆笑である。こんな愉快な場面がいつものことのように目に浮かぶ。かくて粕谷邸飲み会は常に輝いていた。そんな坂本の葬式を二十年経った二〇〇二年、粕谷さんと二人で務めるようになるとは、夢にも思わなかった。それからさらに十年経った今日、粕谷さんともまた坂本と同じ護国寺桂昌殿でお別れをするようになるとは感無量だった。二人とも逝ってしまい、一人取り残されたのは何ともやり切れぬ。あの通夜の席で、庄司薫さんが言葉もなくポツンと座わっていたのが印象に残っている。

一九八〇年代半ばから、粕谷さんはもう一度編集者稼業に戻る。一九八六年『東京人』編集長、一九八六年『アステイオン』編集長、一九八八年『外交フォーラム』編集長、めくるめくばかりのすごさだ。業（ゴウ）でもあったのだなと思う。一人で一挙に三つの雑誌の編集長とは。こうなるといよいよ「五中の先輩後輩」関係がコトあるごとに無造作に多用されることになった。「もしもし、あっ、御厨くん、ちょっと××の件で意見を聞きたくてね、で、会いたいんだ。出て来てくれる。う〜ん、じゃあ×日に何処何処で」という電話を何度もらったことだろう。僕がいない時には、必ず家人に伝言があった。そのたびにそれとばかり、ホテルや都市出版本社にかけつける。無論、企画や執筆の相談だ。「君はもちろん書くんだけど、若い人に誰かいい人はいないかい？」これまた粕谷流である。いざことが成りそうになると、執筆関係者は小料理屋やレストランに粕谷さんからの召集令状をもって集まる。終わると、銀座、新宿、神楽坂などのなじみの店に連れていかれる。タクシーをつかまえる時の粕谷さんはアブナイ。平気で歩道から車道へ飛び出し、「止まれ、止まれ」とばかりに手を上げる。こんな時だけ本当にせっかちなのだから。若かった僕は随分、突っかかりもした。後で粕谷さんは「君は若い」とお説教をたれる。「若いから何なんです」と僕。すると急に近寄って来て、僕の頭をポンポンとたたく。そして「エヘッ」と言って、ブーッとふくれてプイと横を向く。一件落着の印なのである。

「天下国家のことばかり論じていて、ふと気がついたら自分の住んでいる肝心の東京のことを何も知らない」これまたあの頃の粕谷さんの口癖であった。都市出版社長になった粕谷さんの引きで、一九九一年、二年間のアメリカ留学から帰ると、都市出版の中に「都政史研究会」が設立された。僕は粕谷さんと二人三脚でプロジェクトを開始する。慣れぬ金策にも走った。そして老若男女を問わず研究者、ジャーナリスト、実業家を口説いた結果、いくつもの研究会が開かれ、数多くの都政関係者へのオーラル・ヒストリーが行われた。今思い出しても一九九〇年代前半は、疾風怒濤の如く「都政史研究」、今盛りなりだった。共同研究の成果は一九九四年から九五年にかけて、『シリーズ・東京を考える』全五巻としてまとめて都市出版から刊行され、プロの間では好評を博した。粕谷さんとの良き思い出である。

ただこの時期、父の死、母の病と家庭的に大変だった僕の身を案じてくれたのも粕谷さんだ。執筆が一向に進まぬ僕を、「君ももう大物だ、カンヅメにしてやろう」の鶴の一声で、文士あこがれの山の上ホテルに一週間世間から隔離された。隔離された当の僕は、何だか落ちつかず、仲間を呼び込み飲んで騒いだりした。どうしてか悪事はバレる。粕谷さんから「好き勝手してもいいから、とにかく一行は書け！」の電話での叱声である。『シリーズ・東京を考える』の後、僕は『東京』(読売新聞社)という単行本を出し、一躍「都政史」の雄となり、粕谷さんは進んで祝宴を開いてくれた。そうそう恩師佐藤誠三郎の論文集『「死の跳躍」を越えて』を、都市出版から、喜んで出してくれたのも、粕谷さんだった。その後、皆で箱根の温泉につかったたっけ。良き時代だったのだ。

既成の研究者の新たな領域への招待や新人の発掘という点では、『アステイオン』が果たした役割も大きい。サントリー文化財団が四半期に一回出していたこの雑誌の粕谷編集長には、連載の企画に誘われた。『東京人』での「東京史評」という粕谷さんも乗り乗りの企画が、都庁の反対でツブレ、くさっていた僕に、「まぁ書け！」とばかりに「社会時評」が与えられた。いやもう七転八倒の苦しみで、毎回十七枚の原稿を書き上げた。今思うと、ジャーナリズムへの馴らしを粕谷さんがやってくれたのだ。

『外交フォーラム』の企画では、外務省幹部へのインタヴューまでして書いた僕の論稿が、「余りに本当のことが書いてある」と言う名誉の勲章のようなたわけた理由で、外務省に却下された時、さすがは粕谷大編集長、外務省とケンカするのではなく、すぐ様古巣の『中央公論』の宮一穂編集長にまわし、無事解決だ。おみごとである。

僕の『アステイオン』への次の連載企画「馬場恒吾の面目」も粕谷さんのおかげだ。そもそも馬場恒吾への着目の一端は、例の粕谷さんの『対比列伝』の馬場を扱った一章にある。また後に、〝オーラル・ヒストリー対比列伝〟と称し、粕谷さん去りし後の『アステイオン』に三度目の連載企画を立てたことがある。この折、「後藤田正晴 vs 矢口洪一」「宮澤喜一 vs 竹下登」を着想しえたのも、粕谷『対比列伝』のインパクトによるものに他ならない。もうその頃は、粕谷さんの活躍の舞台は、サントリー文化財団から藤原書店に移っていたけれども。

二十一世紀になってからは、粕谷さんは藤原書店との縁を深めた。二〇〇四年頃のことだ。粕谷さんにまた呼びつけられ、藤原書店で一緒に仕事をしようと言われた。東京に縁の深い後藤新平を始めとする歴史往還的な様々なプロジェクトに僕も粕谷さんの踵に接して参加したものだ。しかし歳は争えぬもので粕谷さんの身心の衰えは徐々に進んでいった。だからこそ、もう待ったなしと考え、粕谷さんのオーラル・ヒストリーを二〇一〇年に行った。これは幼少期から青年期までの粕谷さんの読書体験を詳しく語ってもらったこと、それから粕谷さんが一番編集者として楽しかったと言う一九七〇―七三年の『歴史と人物』について、各号目次と編集後記とをコピーし読んでもらいながら記憶を呼びさましてしゃべってもらったこと、に特徴があった。

何だかんだで、思い起こせば楽しいコトばかりであった。今や「五中の後輩でしょう」と言う殺し文句をきかせる粕谷さんの姿がなくなってしまったことに、一抹の寂しさを覚える。いや、油断はならない。そうか、僕もあちらの世界に召されたら、途端に先輩然とした粕谷さんに出くわしたりして！　しまった、この関係はいつの日かまた再開する運命にあるのだ。今は、しばしの休日と思い直そう。

二つの校歌の「親和力」――寒水・伊藤長七と粕谷さん

早稲田大学台湾研究所　春山明哲

粕谷一希さんは人も知る旧制東京府立五中（のち都立）の最後の卒業生であった。紫友同窓会（府立五中・都立小石川高校・小石川中等教育学校）の会長を務められたこともある。「二つの校歌」のひとつは、この府立五中の初代校長であった伊藤長七（号、寒水）が作詞した校歌のことである。この学校の創立は大正七（一九一八）年、粕谷さんによれば「立志・開拓・創作」を教育理念に掲げた伊藤長七は自由主義教育の旗手ともいうべき存在だった。

では、もうひとつの校歌とは？　それは長野県の旧制諏訪中学から諏訪清陵高校へと歌い継がれてきた第一校歌「東に高き」であり、その作詞者がこれまた伊藤長七なのである。こちらは明治三十六（一九〇三）年の作詞であり、長七はまだ東京高等師範学校の学生だった。

「寒水・伊藤長七の足跡を訪ねて」という特集を『東京清陵会だより』（同窓会誌）一二号に企画したのが、粕谷さんと我々清陵OBを結びつけたきっかけである。「伊藤長七と府立五中」を粕谷さんから特別に寄稿していただき、このときはじめて我々は信州・諏訪郡四賀村（現諏訪市）が生んだ教育者が、長野師範、東京高師、附属中学教師を経て、府立五中の初代校長として偉大な足跡を残したことを知ったのである。

粕谷さんとの縁はこれで終らなかった。長七先生（いつしか我々もこう呼ぶようになった）のお孫さんで劇団民芸女優の伊藤ひろ子さんのところに関係資料が残されていたこと、同郷の矢崎秀彦氏の『寒水・伊藤長七伝』の刊行などもあり、紫友同窓会と東京清陵会の有志は、粕谷さんを中心にして「寒水会」に集うたのである。そのピークが二〇〇七年六月、長野県立歴史館（千曲市）で開催された「伊藤長七アーカイブス記念フォーラム」であった。

粕谷さんはこのとき「天性の教育者・伊藤長七」と題した記念講演をされ、伊藤長七は「親和力」すなわち人間と人間が親しみ合うという特別な能力を持った、天性の教育者であると評された。そして、羽仁もと子、河合栄治郎、澤柳政太郎から新渡戸稲造まで、近代日本の教育・思想・文化の広い文脈から自在に語られたのであった。

いま思えば、伊藤長七の作詞した二つの校歌のもつ不思議な「親和力」が、「寒水会」として我々を結びつけたような気もする。そして、実はほかならぬ粕谷さんの「親和力」がその環を結びつけてもいたのである。リベラリズムの教養と香りが漂う粕谷さんの温顔を懐かしく思い出せることの幸せを感じつつ、ご冥福をお祈りする。

粕谷さんの思い出

ノンフィクション作家　澤地久枝

粕谷一希氏は五月三十日午後に逝かれた。八十四歳という年齢は、若いひとたちには長い人生と受けとめられるだろう。しかし、百歳前後で活躍するひとがめずらしくない時代が来ている。粕谷氏の死は突然であり、まだこれから、という思いをそそられる。

氏と私は昭和五年生れ、おないどしであり、編集者として人生をはじめたこと、中央公論社の同僚であったことなど、縁が深い。

保守リベラルという言い方をすれば、粕谷氏はその頂点に位置していたと思う。

塩野七生さんと会ったとき、私が粕谷氏との縁を口にすると、塩野さんもおなじ経験をもっておられた。私の場合、退社後、五味川純平氏の資料助手をつとめた長い時間のあとで、偶然会った粕谷氏から、「そろそろ書いてみたら」と言われた。それがきっかけになって、私は自分の文章を書くことを真面目に考え、『妻たちの二・二六事件』を書く。この本が第一作となり、一年後に助手の仕事をとかれ、気がついたらフリーのもの書きになっていた。それから四十年あまりになる。

粕谷氏は「女性の書き手」の登場を期していたのだろうか。塩野さんの出発に立ちあったことの意味は大きい。

幸子夫人を筆頭とする御遺族からの挨拶状に、「一人のジャーナリストとして偏愛ともとれる情熱で新しい才能に執着」「人間の能力に対する追求と称賛ではなかったか」等々の文章がある。『中央公論』編集部から転じて『東京人』を創刊し、御自身著作家になられた。『粕谷一希随想集』(全三巻、藤原書店)刊行の知らせを受け、自分のことのように嬉しかった。その気持を伝えたいと思いながら、果せなかった。

「風流夢譚事件」がおこり、社内の空気がゆらいだとき、次長(デスク)会議が開かれた。その席で、「言論には言論でたたかう」という意思表示をあえてする点で、粕谷氏と私は同じ立場に立った。

粕谷氏と私はおそらく対極に位置する人生を送ってきたかも知れない。しかし御遺族から贈られた『生きる言葉——名編集者の書棚から』をくりかえし繰っている。二〇〇六年から一三年秋までの文章をまとめ、今年(二〇一四年)の三月三十日に刊行されている。

長く住んだ東京豊島区の図書館の会の日、高血圧をおして出席され、中央の階段を両手をついてのぼっていった姿を思い出す。澄明な人格の人だった。夫妻の俳句の本もある。

遅くなりすぎたお礼

作家
利根川 裕

かつて、わたしは『中央公論』本誌編集部で、ほぼ五年間、粕谷さんと一緒だった。当時粕谷さんは編集次長、わたしは平の編集者。じつは、わたしのほうが二、三歳年上で、同じ大学卒業年次も数年早いが、わたしが十年近く異業種にいての中途入社だったから、編集部内のこの序列は当然なのである。だから、二人の間には別段わだかまりもなかったが、ほんの少しは、たがいに気を使っているところがないでもなかった。

やがてわたしが退社し、それからかなり後、彼も退社した。こうなると顔を合わせる機会はほとんどなくなったのだが、じつはこれからが、次第に親密感を抱くことになるのである。編集者ではなく執筆者となってから程ないころ、彼の贈ってくれた『二十歳にして心朽ちたり』の、文学的青春を描いた瑞々しい文章に、わたしは目を瞠った。粕谷一希にこういう一面があったとは。文学的青春なんて、誰だってみんなはかなくて悲しい。彼に対するわたしの距離が一挙に縮まったのであった。

その後、折にふれて彼の書く文章を読むにつれ、哲学青年であったことも分かった。みずからも哲学志望で幾たりもの哲学者の著作の間を模索彷徨し、やがて和辻哲郎に傾倒するようになる。「受験に失敗したころ」を含めた数年間に、彼は和辻哲郎の『倫理学』を精読していたと告白している。そしてそのころ、わたしは主任教授和辻哲郎のもとで『倫理学』の講義を受けている大学生だったのである。

こうなるともう、粕谷という人は、わたしにとって全く他人ではない身近な人でなければならなかった。

おわりに。生きているときにはついに言わなかったお礼をひとこと。

彼がある新聞で、わたしの新刊書の書評をしてくれたことがあった。かなり長文の行き届いた書きぶりで、全体として評価してくれているのだから、こちらとしては無論嬉しかったが、それよりも、書き手のわたしが、文章の表にも裏にも現わしていなかったはずの、しかし自分にだけは覚えのある心象に、それとなく彼の筆が及んでいたことである。

あっ、この人にはオレが分っていたんだ、とわたしは怖れ、感謝し、敬服した。

粕谷一希さん、ありがとう。

粕谷さん、ありがとうございます

京都精華大学教授、元『中央公論』編集長
宮　一穂

「あきれたな、君は粕谷のなまえも知らないで中公を受けたのか」

昭和四十五年の晩秋夕方、井の頭線駒場東大前の駅ホームで、本間長世先生に呼びとめられた。「粕谷君が君をさがしているぞ。いそいで連絡してほしい」「はい、でもその粕谷というのは誰のことですか？」。

数日後の粕谷邸の帰り路。それは生涯でもっとも仕合せな一刻だったかもしれない。この世の中で初めて自分をみとめてくれた人がいる、それだけでもう何もいらなかった。おいかけてさらに、勿体ないような何枚にもわたる手紙もいただいた。

委細は省く。翌年わたしはもういちど受け直し、物産をやめて中公に入社する。しかしそれから何年か後、粕谷さんは退社した。あれほど中央公論社を愛した男がそれを辞めるのには、よほどの無念があるにちがいなかった、わたしは迷ったあげく、残ることにした。「その後の中公」

をさいごまで見とどけよう。気負いもあったが、残る意味をそこに置く外はなかった。ボンヤリやっていた仕事も多少本気でやりだすようになった。おなじ社にいた頃よりも、離れ離れになってからのほうがむしろお会いすることが多くなった。いつも「硬い」話で酒杯をかさねる。若僧の生意気を、大きくはゆるしてくれるが、調子に乗れば「君は実績でモノを言え」と叱られる。怖い、そして愉しい時間だった。

いっぽう、「その後」の中央公論社は、粕谷さんのおそらく知らないような一幕も二幕もあった。そして長い歴史を有するこの社は、三つ目の世紀をむかえるまえに自前の社ではなくなった。その顚末を見とどけて、わたしも三二年の中公在社を終える。

最初に会ったとき、粕谷さんは四十歳で、わたしは二十四歳だった。「自分のところは短命の家系だ。自分もそうだろう」。本人は冗談で言ったつもりかもしれない。が、わたしは忘れなかった。それがいつも気にかかっていた。子どものころは病弱だったというし、それになんといっても身をすり減らすような雑誌の仕事を長年つづけてきたのだから、身体へのダメージがないわけはない。二〇〇〇年、わたしはめずらしく自分から音頭をとって「粕谷さんの古稀を祝う」ささやかな会をやった。気持ちの中で、「ちゃんと七十歳まで生きたじゃないですか、粕谷さん、めでたい」そう思っていたからだった。すこしずつ病気がちにはなったけれども、それでも短命のはずの粕谷さんはじゅうぶん長生きをした。

かえりみて、自分の一生は粕谷さんの見まちがいから始まった。名編集者も多くの見誤りがある。騙されたのかというと、そうもいえない。あとは自分の責任なのだから。粕谷さん、感謝しています。

雑司ヶ谷で名編集長を家庭教師として

元『中央公論』編集長　近藤大博

粕谷さんは、東京・雑司ヶ谷、池袋駅と雑司ヶ谷墓地のあいだにお住まいだった。粕谷さんのお宅から徒歩十分ほどのところ、雑司ヶ谷墓地のすぐそばに、私は住んでいた。

漠然とジャーナリズムを志望し、大学は東洋史を選んだ。一九六七（昭和四十二）年春、大学四年生になるので、そろそろ就職を考えなくてはならなくなった。

ご母堂（粕谷みや子氏）が豊島区会議員であり、後援会に母親が属していた。

ご子息が『中央公論』編集長に就任との報が、後援会及び近隣に飛び交った。たまたま、小学校以来の親友・猪島嵩君が粕谷さんの親戚だった。彼に帯同してもらい、粕谷さんにお目にかかれることとなった。

編集長就任直後で、ご多用にもかかわらず、親切にも、一学生に雑誌編集の機微を語ってくださった。『中央公論』を愛読していたとは言えないが、雑誌編集の醍醐味に触れ、たちまち雑誌編集に憧れを持つにいたった。『中央公論』の編集者になりたいと熱望した。

同年四月中旬、統一地方選挙があり、みや子議員の選挙運動を猪島君とともに手伝うことになった。有能さ・熱心さを示さなければ、中央公論社への紹介者になってもらえないのでは、と小さな心配をしていた。猪島君とともに頑張った記憶がある。

みや子氏はゆうゆう当選。

その後、何度か、お宅にお邪魔する機会を得た。そのつど、永井陽之助氏の『平和の代償』や萩原延壽氏の『馬場辰猪』など、新刊書を頂戴した。かつ、論壇の動向を伺った。ますます雑誌編集の世界に魅せられた。

中央公論社の入社試験だが……。粕谷さんが紹介者であり、さらには課題論文にも事前に目を通していただき、加筆・修正したので、書類選考はなんなく通過。また、論壇の予備知識を得ていたこともあり、ペーパーテスト、二度にわたる面接をも無事こなし、六八年春には、晴れて中央公論社に入社することができた。その後、『中央公論』編集部員として薫陶いただく幸運をも得ることになる。

雑司ヶ谷での、入社試験の事前勉強が功を奏したのである。それも稀代の名編集長が家庭教師だったのだ。

「史・哲・文」の人――粕谷一希氏を偲ぶ

新潮社『考える人』編集長
河野通和

本誌『アステイオン』に連載され、後に単行本として刊行された粕谷一希氏の『中央公論社と私』（文藝春秋、一九九九年）はこう書き出されている。

昭和二十九年秋、私はまだ茫漠たる彷徨のなかで、自分の志望を決めかねていた。ただ、明らかに猶予期間は過ぎていた。法学部の講義の取得単位が不足して、一年留年した挙句の秋であった。……敗戦を中学三年で迎えた私は、それから中学・高校・大学と、極端に懐疑的な人間として青春を送った。それまで文学好きな少年だった私だが、意識的に詩や小説に封印をして哲学書を中心に、図書館と自宅で読書に時間を費やし、学校の講義も、よほど面白いと思うもの以外は出席しなかった。

愛読していた雑誌は筑摩書房の『展望』で、岩波書店の『世界』は政治的急進性を帯びるにつれて気持ちが離れ、『文藝春秋』のような〝大人の雑誌〟に親しむにはまだ若すぎた。『中央公論』は「個々に面白い記事はあったが、古色蒼然として雑然とした印象だった」——。

後に『中央公論』編集長として名を馳せる粕谷さんが、当時もっとも親しみ、その後もありうべき雑誌の原型として、実は『展望』をイメージしていたというのは興味深い。

さて、戦後の中央公論社を牽引してきた嶋中鵬二会長の死去（一九九七年四月三日）を機に、『アステイオン』編集長の求めに応じて書かれた『中央公論社と私』を補完する形で、後に『作家が死ぬと時代が変わる』（日本経済新聞社、二〇〇六年）という語り下ろし回想録が企画された。作家・水木楊氏とともに、私も聞き手としてお手伝いをした。

そんな縁もあって、編集者・粕谷一希氏のどの時期、どの側面に焦点を絞るかについて、多少の迷いがないわけではない。「左翼全盛の戦後の論壇に保守派の現実主義路線を打ちたてた」、「高坂正堯、萩原延壽、永井陽之助、さらには庄司薫、塩野七生、山崎正和といった筆者を次々と世に送り出し、名伯楽と謳われた」という紹介はすでに多くの人によって行われている。したがって、ここでは少し別の角度から氏の横顔を眺めることにしてみたい。

進路を考えあぐねていた大学生の粕谷さんに、ある光明を与えたのは友人のひと言だった。「今度、おれたちの仲間で雑誌を出そうという話がある。お前さんは雑誌ヅラしているから参加しないか」と声をかけられたというのだ。いったい自分のどこが「雑誌ヅラ」なのか――何度か自嘲気味に語るのを聞いたが、そこにはいつも微かな幸福感が滲んでいた。実際、このひと言で粕谷さんの気持は大きく動く。引きこもり気味の「読書オタクから脱却するチャンス」だと直観し、雑誌という窓に向かって、表現への意欲が湧いてくるのを感じたという。

そして、参加した雑誌『時代』を三冊編集する過程で「酒を呑むことを覚え、文章やコラムを書くこと、原稿を依頼すること、目次を考えることの面白さを体得した」といい、これはすなわち、私たちがよく知る編集者・粕谷一希の誕生に他ならず、終生変わらなかった姿である。一方、「印刷されてきた雑誌をどう売ったらよいのかについては、まったく無知であった」というのも、本人は不満かもしれないが、よき時代の編集者の常として、これもあまり変わらなかった。

さて、その粕谷さんらしさがもっとも発揮された雑誌は何かというと、私がまっさきに挙げたいのは、実は『中央公論』ではなく、わずか三年間の創刊編集長だったとはいえ、もっとも脂ののった時期に、好きなことを思う存分にやってのけた『歴史と人物』なのである。

一九六八年、中央公論社の組合闘争が過激化し、粕谷中央公論編集長「辞任要求」が提出される。詳細は省くが、事態は年末一五日間にわたる全日ストライキへと突入し、結果として非常に不本意な形で職を追われた粕谷さんは、一九七〇年七月に新雑誌研究部長というポストに就く。そして、「歴史雑誌をやるように」、「タイトルは『歴史と人物』にするように」という嶋中社長の要請を受け、その年の十一月二十日に『中央公論』臨時増刊として『歴史と人物』を発行する。それから二冊の臨時増刊を出し、一九七一年九月から月刊誌に移行する。

〝武田泰淳の『司馬遷』から、司馬遼太郎の歴史小説まで〟をキャッチフレーズにして、史論、伝記から歴史文学までを包摂する中央公論社らしい歴史雑誌を、という意気込みは強かったが、なにしろ臨時増刊発刊までの実質的な編集期間が三カ月、スタッフが編集長を含めて三人という体制は、悪くいえば泥舟、沈没の危険性も高い船出だった。

しかし、『中央公論』編集長時代、最初から紛争に巻きこまれ、実際的には編集長として何も新機軸を打ち出せないに等しかっただけに、この『歴史と人物』編集長の三年間は、私の中央公論社編集者時代でもっとも充実した三年間であった。そしていまから振り返っても楽しい三年間であった。（前掲書）

粕谷さんにとっては、挫折の後に訪れた思いがけない僥倖であった。目次を見ればいまもその充実ぶりが一目瞭然のラインアップだが、氏自身が忘れがたい思い出として挙げているのは、松本重治『上海時代』、白川静『孔子伝』、唐木順三『あずま　みちのく』、そして丸谷才一・山崎正和両氏に専門家一人を加えた「雑談・歴史と人物」などである。また、護雅夫『李陵』、山口昌男『歴史・祝祭・神話』をはじめ、渡辺守章『ポール・クローデル』、角田房子『いっさい夢にござ候』、上山春平『神々の体系』、井上ひさし『藪原検校』、荒畑寒村『平民社時代』など、それぞれの著者にとって代表的な作品が目白押しだ。

さらに福田恆存「乃木将軍は軍神か愚将か」、高坂正堯「会議はなぜ踊り続けたのか」、塩野七生「傭兵隊長コレオーニ」、山崎正和「太平記からの発見」、野田宣雄「チェンバレンの非英雄的役割」、志水速雄「ハンナ・アレント会見記」、橋本昌樹『田原坂』なども忘れがたい。

おそらく『中央公論』本誌では十分に誌面を割けなかったであろう企画をここで存分に展開できたこと、そして氏がずっと持ち続けてきた歴史への関心を自らの中核的テーマとして捉え直したことは、その後の編集者人生の基盤づくりともなった。

その意味でもっとも重要な作品のひとつは、臨時増刊第二号に「一六〇枚一挙掲載」と銘打って掲載された石光真人編「会津人柴五郎の遺書」（その後、中公新書『ある明治人の記録』として刊行）である。作品が生まれるきっかけは、入社間もない時期に石光真清の四部作『城下の人』、『曠野の花』、『望郷の歌』、『誰のために』を読んだ粕谷さんが、この「記録文学の最高傑作」にすっかり魅了されたことであった。明治の初め、熊本城下に起こった新政府に対する士族の反乱、神風連の乱に始まり、日清戦争、日露戦争、シベリア出兵という、近代日本の経験した三つの戦争に際して、現地で日本陸軍の諜報活動に携わった石光真清のこの手記は、実は公刊を意図せず、本人は焼却するつもりであったという。そのメモを長男の石光真人が整理し、補完し、文章化し、物語化したのが、この四部作である。

一読した粕谷さんはこの編者である長男に是非会ってみたいという思いを抑え切れず、以来、親交が始まった。そして自分が新たに歴史雑誌を始めるにあたり、何かいい素材はないだろうかと相談した時に、おもむろに取り出されたのが、「会津人柴五郎の遺書」だった。明治維新に際して朝敵の汚名を着せられ、戊辰戦争後には下北半島の僻地に移封された会津藩士の子弟が、流罪にも等しい下北の地で飢えと寒さに耐えて生き抜き、やがて帝国陸軍の北京駐在武官となって一九〇〇年（明治三十三年）の北清事変（義和団の乱）に遭遇し、冷静沈着な行動をもって世界の称賛を浴びる。後の陸軍大将・柴五郎である。

想像を絶する惨苦の少年時代の思い出を、父・真清の代から交誼があった石光真人に託したのがこの「遺書」の草稿であった。日本の敗色が次第に濃くなっていく戦時下に、この草稿をはさんで二人のやりとりが交わされる。この作品もまた「元来、他人に読ませるべく筆を執られたものでなく、維新の悲惨な犠牲となった父母姉妹の冥福を祈るためのものであった」と石光真人は記している。

いまだに中公新書のロングセラーとして多くの読者をつかんでいるこの著作は、いわば石光真清、真人、そして柴五郎と受け継がれた〝史魂〟の結晶とも呼ぶべき記録である。内容そのものの迫真力もさることながら、新人編集者時代から育んだ〝縁〟の力によってこの作品を得たというドラマにも感動を誘われる。粕谷さんの人徳であり、また編集者冥利に尽きるその喜びを想像して、私も胸が熱くなるのである。

「会津人柴五郎の遺書」のような作品を世に問いたい――従来の歴史観の再検討を迫り、また目の前に歴史的な情景を潑剌と蘇らせる文体の力によって、パターン化した言語空間を揺さぶりたい――絶えずこう念じていたのが粕谷さんだった。そして抗いようもない大きな歴史の流れに身を処し、それに一命を賭した戦没者たちへの鎮魂は、編集者人生全体を貫くもうひとつのテーマだった。それが終戦を中学三年で迎えた粕谷さんの戦後に対する向き合い方だった。

歴史がついに勝者の歴史ならば、悲劇の感覚を所有することはできない。その感覚こそが、戦後の平和の貴重さを教え、悲劇の再来を防ぐことができるのである。

（『戦後思潮』藤原書店、二〇〇八年）

心よりご冥福をお祈りしたい。

粕谷氏の時代

編集者、元文藝春秋社長　田中健五

粕谷さんは若いときから他の出版社にも聞えた有名なインテリ編集者だった。『中央公論』誌上への深沢七郎の小説「風流夢譚」掲載をめぐって、いわゆる嶋中事件が起きたとき、委託出版の『思想の科学』で天皇制特集号をあえて中止したときの編集者でもある。私が後に『諸君！』という論壇綜合誌の編集長になったとき、部員に紹介を受けて論壇業界を知るための知己を得た相手でもある。その時のテーマは粕谷さんにとっても私にとっても「保守とは何か」ということだったと思う。

年譜を見ると粕谷さんは昭和五年の早生れ。昭和三年生れの私の、学齢で一年後輩だ。当時中学入学は学区制で、雑司ヶ谷育ちの粕谷さんは府立五中。この中学の制服は折襟の背広。（東京杉並育ちの私は一中で蛇腹の制服。私が入学した昭和十六年にはこの制服が国民服色のカーキ色になっていた。くやしいことしきり。）

粕谷さんは戦後旧制一高に入り、私は一中卒業と同時に海兵に入ったから、戦中に戻って一中に入りなおすわけにいかず、そのまま旧制の東高に転入して旧制の東大卒業にギリギリ間に合った。粕谷氏は東大法学部だが新制である。何をいいたいのかというと、粕谷さんも私もアンシャンレジームの切りかわりを見たり体験したりしながら、八十歳台の今日まで走ってきた戦中派？だということだ。

ところで嶋中事件以後、一時中公が主催するパーティ会場にはアカハタが飜っていたことがあった。東大で後輩に当たる庄司薫が粕谷氏を気遣って「何か出来ることがあったら言ってくれ」というので「それじゃ中公に小説を書いてくれ」と粕谷氏が言い、「赤頭巾ちゃん」小説が出来上って中公も少し助かったという話がある。しかし粕谷さんは中公紛争を重ねていくうちに疲れがとれなくなったのだろう。昭和五十三年に退社し、以後、物書きに転向した。

粕谷さんの下向きの横顔はアテナイの哲人を思わせる。はっきり言って陰気顔だ。その顔が「困った顔」になったのはいつのことだったろうか。

粕谷氏が坂口安吾を再評価して、一方小林秀雄にはウンザリといったニュアンスの文章を『諸君！』に載せ、これに対してあの江藤淳氏が「ユダの季節」という文章を『新潮』に載せ粕谷批判をしたので、これを受けて立つかどうするか、ということを相談していたときだったと思う。アテナイの哲人は一旦は再反論してもいいと思ったらしい。

しかし、江藤淳という小林秀雄の高弟を相手に論争するにはよほどの覚悟が要る。所詮粕谷さんは出版人であったが論争家ではなかった。江藤氏は物書きとして独立した粕谷氏に嫉妬していたのだと思う。しかし粕谷氏はそれに気付かなかった。文壇史の脇の小さなエピソードとして覚えておこう。

開眼の先達

編集者、作家　半藤一利

昭和二十八年春、私は文藝春秋社に入るとすぐ坂口安吾さんと出逢い、一週間も安吾邸に寝泊りして徹底的に歴史の見方についてしごかれた。二年後に、伊藤正徳さんの担当となり、何年にもわたって昭和史についての手ほどきを受けた。いま、八十歳をいくつも越えながら昭和史探偵という仕事にくらいついているのは、この両先達のお蔭であると思っている。

いきなり私事で恐縮なれど、粕谷一希という畏友について語るとなると、以上のことをまず書いておかないと話がすすまない。

粕谷君と私とは同じ昭和五年生まれの、会社こそ異なるが、同時代の編集者であった。そういえば、まだ青二才のころ粕谷君の姿を羨望をもって眺めたことが何回かある。「あれが中公の粕谷ってすごく頭のいい奴なんだってよ」「へェー、爺むさい面してやがるな」。というのも、中央公論社長の嶋中鵬二氏がしばしば粕谷氏ひとりをつれて、文春を訪ねてきたからである。われわれがそんな悪口をささやくほど、そのときの粕谷君はお世辞でなく堂々としていた。文春社員にはない知的な雰囲気をふりまく、まごうことなき中公社員のエースらしい貫禄があった。

などという昔話はともかく、同世代となればその精神の基幹に敗戦体験の衝撃があり、そしていかに生くべきかの模索という点で通底するものがある。若いころはとくに親しく話し合ったわけではないが、戦争中の国粋主義・軍国主義への反撥、そこに発するファナティックなものへの嫌悪、年齢の関係もあってはげしい政治運動にコミットできず、結果としての精神的な彷徨。それらは同じではなかったかと思う。後にそんなことを語り合った。

私は安吾さんと伊藤さんとの幸福な出逢いで開眼し、生くる道をさぐり当てた。同じような意味で粕谷君は……？

よく酒席での酔いも手伝っての発言では、わが頼りない記憶によれば、開眼の師として和辻哲郎、蠟山政道、猪木正道の三氏の名を粕谷君はあげていた。ときには三氏に加えて、林健太郎と唐木順三の別の二氏の名もでた。そんなにいっぱいいるんでは重くて大変だな、などと私は冷やかしたりしたものであるが、その著『河合栄治郎』を読んだとき、ハハーン、と私は納得するものがあった。私の場合の伊藤さんに匹敵する人は粕谷君にあっては蠟山政道氏らしいな、と。

「発想や行動、人柄や識見に触れることができたのは、私の生涯の幸福であった」

そう粕谷君は蠟山氏について書いている。

私は蠟山氏のことをよく知らないので、これを書くため粕谷君の名著『戦後思潮』を書架からとりだしてみた。「蠟山政道の平衡感覚」と題して彼は書いている。河合栄治郎の衣鉢をついだ蠟山氏は、五〇年代には急進的知識人を批判しつづけ、六〇年代には高度成長のもたらす負の効果に早くから気づいていた。

「思想と現実、学問と実践の往還運動のなかで、これほど見事に一貫した態度と豊かな見識で生きてきた人は少ないだろう。その穏やかな表情の故に同時代人はその真価に気づかない。けれども価値あるものは常に声低きものなのである」

編集者として粕谷君のやったことは、蠟山氏の後継として、思想を単なる思想として完結させず、往還運動をすることで何とか現実に生かそうとしたのである。一人の執筆者にとどめることなく、多くの知識人を集め異論をぶつけ合うことで、現実を動かすものへと思想をより強固にする。知性の組織化というか、知識人同士の交流による新しい創造というか。ほかの編集者のやらないことをやったのである。同時代人はもちろん、いまのジャーナリズムもそのことの真価に気づいていないのが、私には残念に思えてならない。

残念といえば、もう一つあった。私は粕谷君とただの一度だけ碁をかこんだ。こてんぱんに負けたのである、その借りを返すことがもうできなくなった。彼をよく知る人から、いまの粕谷の碁の腕前はプロ級なんだ、と聞かされた。それで、することがなくて奴さんは碁ばかりうっているんだな、と私はひそかに毒づいた。その数日後、彼の訃報に接した。

出会いと別れ

元文藝春秋　東　真史

粕谷一希さんと初めてお目にかかったのは、私が文藝春秋に入社した昭和四十二年四月だったと思う。粕谷さんと親しかった私の父・石光真人が、手筈を整えてくれたのであろう。帝国ホテルで落ち合い、まぐろ屋という店に向かった。初対面の乾杯もそこそこに粕谷さんは、「君がいま雑誌の編集者だったら何をやりたいか」と、単刀直入に問いかけてきた。当時は七〇年安保騒動のさなかだった。私はこの運動には、六〇年代とは異質な非連続性を感じていたので、六〇年代、七〇年代の二者間で論争をすれば、両者の違いがはっきり理解されるのではないか、と申しあげた。私の答えに粕谷さんが満足したかどうかは分からない。その日の呑み歩きは、カラスという店で打ち上げとなった。思えばこれが、粕谷さんとの五〇年にわたる酔夢人生の始まりの日であった。

その頃粕谷さんは、七〇年騒動の余波で揺れた中央公論社の中で、激しい批判の矢面に立たされていた。しかし、そうした渦中にあっても、週に一、二度機会を作り、多くの方々を紹介してくださった。志水速雄さん、永井陽之助先生、萩原延壽先生、庄司薫さん、塩野七生さん、入江昭先生……。会社は違っていても、粕谷さんは常に、惜しみなく与え続けてくれた人であった。

田中美知太郎先生、清水幾太郎先生、林健太郎先生、司馬遼太郎先生、吉田満さん、吉田直哉さんとの交流も、その多くは粕谷さんの思い出と共にある。まだみんな若かった頃は、野田宣雄先生、高坂正堯先生と深夜の京都を呑み歩いたこともあった。幼なかった私が酔いにまかせて、会議は踊らなければならないのではないか、とか、理想主義ほど政治に危険なものはないのではないか、などと乱暴な議論をしかけても、粕谷さんたちは、笑いながら受け止めてくれた。

思い出は限りなく拡がる。長い編集者人生の間には、出会いもあり、別れもまたあった。江藤淳さん、坂本二郎さん、谷沢永一さん、若泉敬さんとの激しい斬り合いも忘れることができない。たぶん、和解すべき過去とは和解し、訣別すべき過去とは訣別する覚悟を迫られた日もあったのであろう。

一つの時代を生き、新しい息吹きを論壇に吹き込んだ粕谷さんの人生の軌跡は、私たちにいま何を語りかけているのだろうか。意味への意志、公的空間と価値世界の確立と共有を信じようとした粕谷さんの願いは果たされたのだろうか。おそらく未だに果たされていないその仕事を、新しい読者、とくに若い人たちに伝えてゆくことが、遺された私たちの最後の務めのように思われてくる。

媒介者としての編集者

日本学士院会員、東京大学名誉教授　三谷太一郎

私が中央公論社主催の第九回吉野作造賞を受賞してから、今年（二〇一四年）でちょうど四〇年になる。粕谷さんと出会ったのも、四〇年前だった。当時の選考委員会（メンバーは、蠟山政道、中山伊知郎、松本重治の三氏）の結論が出た後、夜遅く、当時雑誌『中央公論』編集長だった粕谷さんがそれを知らせるために拙宅を訪ねてくださったのである。その際民主主義と自由主義との関係について、話題にしたのを覚えている。粕谷さんはその種の話題を好む編集者だった。しかしイデオロギー的立場に固執する人ではなかった。編集者は文化のいろいろな分野について広く関心と知識を持ち、それらを媒介する役割を果たすことが重要な務めであると私は考えている。そのような役割を果たすことができる高い能力を持っていたという意味で粕谷さんはすぐれた編集者だった。

それから四〇年、粕谷さんとの淡々たる関係が続いた。それは私にとっては、どちらかといえば好ましいものだった。粕谷さんによれば、私は「寡筆」であったが、少なくとも粕谷さんが編

集責任者であった雑誌には漏れなく長篇の論文やエッセーを寄稿した。私としては、どれも満足のゆくものだった。粕谷さんからの依頼でなければ、おそらく私はそれに応じることはなかったと思う。それらのうち、『外交フォーラム』に四回にわたって掲載した論文については、粕谷さんから単行本にまとめるよう勧められたが、いろいろの事情で約束を果たさなかった。これは近い将来ちがった形で遅ればせながら、約束を果たしたいと思っている。

先日古い書簡類を整理していたら、二〇〇〇年十月二十五日付の私に宛てた粕谷さんの書簡が出てきた。それは、ある出版社のＰＲ雑誌に私が連続して書いた栗本鋤雲と森鷗外の「渋江抽斎」とについての二篇の小文に対する過褒ともいうべき感想が綴られたものだった。それには、「じつは私自身鷗外の作品で一番最初に接したのが『渋江抽斎』でした。敗戦後東京堂の選集の最初の配本だったためです。十八、九歳のときだったと思います」との回想が折り込まれている。それと併せて、粕谷さんは日本の社会と国家の「衰亡の兆し」を指摘し、「それだけに知識人の権力――社会権力を含めて――との距離の取り方が大切になってくるように思います」と書いている。

粕谷さんは編集者であるとともに、著作家でもあったが、その評論集の中に、『作家が死ぬと時代が変わる』（二〇〇六年）というものがあった。粕谷さんについては、「編集者が死ぬと時代が変わる」という感を深くしている。

出会い

作家　塩野七生

半世紀近くも昔の話になるが、あのときに粕谷一希に会っていなければ、作家・塩野七生は存在しなかったことだけは確かである。なにしろあの頃の私には、物書きになるなどという考えは露ほどもなかったのだから。

出会いも、まったくの偶然だった。当時の粕谷さんは帰国したら待っている『中央公論』の編集長の準備か、アメリカとヨーロッパを歴訪していたらしいのだが、明日はローマに発つというパリでの最後の夜に飲みすぎ、飛行機に乗り遅れてしまったのだ。乗り遅れていなければ、ローマ空港にはＮＨＫの特派員が待っていたのだが。ところが飲みすぎ眠りすぎた結果乗り遅れたので、パリ発ローマ行きは次の便になってしまった。それで、この不始末の責任者でもある当時はパリにいた『中央公論』編集者の塙嘉彦が私に電話してきて言った。「今、粕谷一希の乗った飛行機がローマに向けて発っていったんだけど、一便遅れたからＮＨＫの人はもう待っていないと思うんだ。きみ、迎えに行ってよ」

当時の私は暇だけは充分すぎるほどあったから迎えに行くのにＯＫしたが、粕谷一希という人には会ったことがない。どうやって見つけるのかという私の問いに、塙さんはいかにも彼らしく答えた。最も日本人的な男に的をしぼれば当るよ、と。それで、「日本人的」とはどういう意味かもはっきりとしないままに、レオナルド・ダ・ヴィンチ空港に駆けつけたのである。私が空港に着いたのと、パリからの飛行機が滑走路に入ってきたのとが同時だった。その便には日本人は二人乗っていたのだが、タラップを降りてくる様子からより日本人的、と判断した一人に近づいて言った。「粕谷一希さんですか」。ＮＨＫの人が待っていると思っていたらしい粕谷さんは、へンな女の子に声をかけられてびっくりしたようだった。これが、粕谷一希と私の出会いの始まりである。暇だけはあったので彼のローマ滞在中も附き合ったのだが、明日は日本に向けて発つという日、外交辞令とでもいう感じで彼は言った。「大学では何を勉強していたんですか」

そして、哲学科で学び卒業論文のテーマはルネサンス時代の美術史だったと答えた私に、「ルネサンスの女たち」という題をあげるからそれを一〇〇枚で書いてみませんか、と言ったのである。ヨーロッパ生活を愉しむのも二年が過ぎて少しばかり飽《あ》きていた私は、粕谷さんの提案を受けたのだった。だが私のふところには、日本へ帰る航空運賃の四十万円しかなかった。今とはちがって半世紀昔は飛行機代も高く、片道でこれほどもしたのである。それでも、このすべてを投入すると決めた。半年後、原稿は出来上った。ただし、「女たち」で一〇〇枚なのに、その一人を書いただけで一二五枚になっていたのである。それで、帰国して編集長になっていた粕谷さんに一二五枚を送ると同時に、一人を書いただけでこの枚数になってしまいましたがどうしましょう、と問うたのである。

これに答えてきた粕谷さんの手紙は、保存しておくべきであった。まだ走り出してもいない新人にはどう対処すればヤル気を起させることができるかの見本であったのだから。それで書きつづけることになったのだが、直接の担当は、「出会い」の責任をとらされでもしたのか、フランスから帰国した塙さんになった。

というわけで粕谷さんとの附き合いも、半世紀近くにもなる。だがその間私は、一度も粕谷さんに、私の作品の評価を問うたことはない。コワイからである。でも、一方では安心していた。デビュー当初ですらも私の考え方を矯正しようとは絶対にしなかった彼のことだ。彼自身の考えとは少しばかりちがっていても許容してくれるのが、一級の編集者であると同時に一級の知識人でもあった、私が知っている粕谷一希なのであった。

二〇一四年初夏、ローマで彼の死の報を受けながら

共通点は河合栄治郎と誕生日

杏林大学名誉教授　田久保忠衛

私が通信社のワシントン特派員から帰った直後だったと思うから、四十年ほど前のことだった。ある情報誌の幹部が勉強をする目的で、粕谷一希、永井陽之助（東京工業大学教授）氏の二人に私を加え、長時間にわたって国際問題を勝手放題に論じる機会を与えてくれた。お二人とも初対面だった。外国生活が続いていたので、日本の論壇の詳しい事情は知らなかったが、当時の『中央公論』は愛読していたし、その雑誌の粕谷編集長は輝いていた。永井教授は粕谷氏が自分の雑誌で「現実主義者」として紹介した京都大学の高坂正堯教授、東京大学の衞藤瀋吉教授らと一緒に日本の論壇におけるこれまた華のような存在だった。

記録は残っていないのだが、若造ながら私は永井氏と話していて何となない違和感を抱いた。非武装中立論などの空想的外交・防衛論が全盛期だった時代の潮流に挑むために粕谷氏が登壇させた「現実主義者」としての永井氏だったが、私が当時ワシントンでじかに観察した戦略的外交・防衛政策の受け止め方とはいささか違うのだ。ニクソン大統領は公約であったベトナム戦争を収束させ、ベトナムの背後にいた中国との関係正常化を試みることによって、最大の強敵ソ連に強い圧力を与える、目の覚めるような大外交を展開していた。

このあと私は永井氏が戦後のあるべき日本を表現した「吉田ドクトリン」を月刊誌『諸君！』で批判し、レーガン大統領が唱えた戦略的防衛構想（ＳＤＩ）を支持する私を永井氏が同じ『諸君！』でたたき、さらに私が月刊『正論』で反論するなど論争を繰り返すことになる。粕谷氏が間に立ってくれたお陰もあって私と永井氏は直接顔を合わせると、何のわだかまりもなく笑顔でやり合った。私的会話では教えられるところは多かった。

粕谷さんは不思議にもこの論争については直接私に何も言わなかった。ただ、粕谷さんが親しかった東大教授の本間長世氏には何度か「あなたはタカ派だからなあ」と冷やかされたことがあったので、同じような感じを持っていたのではないかと思う。私は学生時代から河合栄治郎に傾倒し、門下生がつくった社会思想研究会に入っていた。粕谷氏が『河合栄治郎――闘う自由主義者とその系譜』を書いたときには社思研幹部全員が感謝した。この共通点があったからこそ、粕谷氏は私の「脱線」を大目に見てくれたのだろう。晩年は東京會舘で定期的に開かれる少人数の会合で顔を合わせた。もう一つの共通点、誕生日が同じであることに私は最近気がついた。「ああそうだったか」と粕谷さんもカラカラと笑っているだろう。

編集者とは誰か

東京工業大学名誉教授　中村良夫

昭和五十七年ごろであったろうか。

東京・麴町の文藝春秋ビルの一隅に陣取った日本文化会議で、粕谷さんを中心に、都市論の研究懇談会が定期的に開かれていた。多士済々の集う一種のサロンのような雰囲気で議論が弾み、話題はあちこちへとんだ。帰りの道すがら、

「こんど中公新書で、『風景学入門』を出します」

と申しあげると、

「それは、楽しみだなあ」

と嬉しそうにうなずいておられた。ちょうど、中央公論社を退社され、雑誌『東京人』の構想が芽生えた時期ではなかったかとおもう。

粕谷さんといえば雑誌『中央公論』の辣腕の編集長として知られていた方だから、さぞかし、外交問題、時事問題の大家で、都市や風景にそれほどの関心をお持ちとは知らなかった。

なぜ粕谷さんが風景学に関心をよせられたのか、あとになってだんだん分かってきた。ひとつは和辻哲郎氏の業績にいたくほれこんでおられたこと、そして、もうお一人は唐木順三氏との交流であろう。いずれも編集者として直に面談、交歓のあった方々だ。

後年、講談社の「言論は日本を動かす」のシリーズのなかで和辻さんについて書くように、とのお誘いがあった。筆の遅い私には荷の重い仕事であったが、「書き出せば書けますよ」とこともなげに一蹴されて書くはめになった。何とか書きあげたが、その当時『風土』しか読んでいなかった私にとって、和辻をどの程度、理解していたか、いまにしておもえば、はなはだ汗顔のいたりである。

ともかく、この縁で、氏の倫理学などに眼を通したばかりか自伝にでてくる姫路郊外の風景を拝見する機会があり、そのうえ思いがけずごく近くに柳田国男の「日本で一番ちいさな家」があったことも知って、なにかしら播磨の山河に囲まれた、日本の知的風土の基層に接した思いだった。いまや和辻哲学は現象学的地理学の分野で西欧でも注目されている。さすがに慧眼である。

唐木順三氏についていつぞや、「小林秀雄ばかりが思想家じゃない」とおっしゃっていた粕谷氏は、「詩と哲学のあいだ」という唐木氏の春風駘蕩たる発想法と文体に共感をお持ちであったと拝察するが、唐木氏が杯を口に運ぶ悠々たるお姿を話してくださったことがある。編集者とはやはり酒席をともにしながら、生身の人間同士の付き合いのなかで、その品性と才能を見ぬく仕事なのだろうとおもった。いつぞや、「伊那のお墓へいってきた」とおっしゃっていた。ここまで論者に惚れ込むのも編集者の資質なのだ、といたく感心したが、粕谷さんにとって、唐木さんの思想は、その身体の延長ともいえる風土とともに読み解くべきものだったろう。

粕谷さんは塩野七生さんの才覚をいちはやく見抜いた人であったが、彼女と私が高校の同期であることを知って、二人を食事にさそってくださったことがあった。麹町の路地裏の静かな座敷だった。私は塩野さんとはたしかに日比谷高校の同期だが、クラスも違っていたので面識もなかったのだ。その時知ったが、あの塩野さんが、高校生のころ母親も心配するほどの引きこもり娘だったというから人はわからぬものだ。

ともかく、編集者とはこのようにして、人と人をつなぎ、触発し、言葉を引きだし、混沌の中から未だ見ぬ知の天地を編み上げる天職か、とおおいに感じいったものだった。

『風景学入門』については、この本の入門書を書いて下さい、と学生に冷やかされたりしたが、粕谷さんにはずいぶん身に余るご批評をいただき心から感謝している。

粕谷さんが逝って一年、いまにして想えば、旧制高校ゆずりの教養主義をになって退場していったその後ろ姿を覆うように、ネット社会のなかで痩せた思想の金切り声がきこえるようだ。

粕谷さんをめぐる〈歴史〉と〈人物〉

元日本銀行副総裁、作家　藤原作弥

粕谷さんとの出会いは米国特派員から帰国した直後、月刊『中央公論』に米国議会・上下両院経済合同委員会の報告書を翻訳・解説するよう執筆依頼されたのが初めてである。次にお会いした時、突然「小説を書いてみませんか？」と打診され、当惑した。もちろん「とんでもない」と断わった。その後も交流が続いたのは、吉田満さんという共通の知己が一つの接点だった。

その頃、私は、日銀記者クラブに詰めており、人事局長だった吉田満さんの部屋をしばしば訪れた。金融政策の直接の取材対象ではなかったが、『戦艦大和ノ最期』など主要著作は愛読していたので、経済金融以外の話題を肴によく〝飲談〟した。ある日、日銀新館の入口で粕谷さんとばったり出会ったのでびっくり。実はその頃、『歴史と人物』編集長の粕谷さんは「戦中派の死生観」なるテーマを追い、島尾敏雄、山本七平、吉田満ら〝散華の世代〟を取材していたのだった（その成果は『鎮魂　吉田満とその時代』などに結実する）。

三人で会った時、〝満さん〟は、私が時事通信のニュースレターに連載中のプライベート・コラムの一読を粕谷さんに奨めて下さった。粕谷さんは私の「カラム・コラム」を新潮社に出版するよう推挽、そこからノンフィクション『聖母病院の友人たち』が生れた。同書は、はからずも日本エッセイストクラブ賞を受賞し、私の作家活動はスタートした。その意味でも粕谷さんは私の恩人である。

新潮社からは何冊か出版したが、いずれも編集者は伊藤貴和子さん。彼女は粕谷さんの本の編集者でもあった。当時、伊藤さんは高田馬場、粕谷さんは雑司ヶ谷、私は上落合に住んでおり、その新宿・池袋トライアングルの付き合いに他の作家やジャーナリストも加わり〝粕谷ゼミ〟の集まりとなった。新宿の「風紋」、四谷の「西宮」などの酒家がその梁山泊だった。

粕谷さんは、ジャーナリズムとは?を常に考えるジャーナリストとして、新聞記者から学者に転じた京都学派の先達で東洋史学者・内藤湖南に強い関心を抱いていた。湖南は『秋田魁新聞』の主筆だった。その因縁もあり、同じ秋田出身で『河北新報』主筆から歴史学者になった私の祖父・藤原非想庵(相之助)のこともよくご存知で、東北戊辰戦争史や日本先住民族史に関する著作も読んで下さっていた。

ある年、伊藤貴和子さんのアイディアで、ジャーナリスト先達の原点を探る秋田巡訪ドライブ旅行に出かけた。伊藤家も秋田がルーツ、新潮社創設の佐藤家は角館。内藤湖南はその名の如く十和田湖畔の出身、そして私の祖父は田沢湖畔の生まれ。それらゆかりの旅の終点の秋田市で訪れたのが名ジャーナリストと謳われた『中央公論』の初代主幹の滝田樗陰の菩提寺。黙々と祈りを捧げる粕谷さんの掃苔の姿が印象的だった。後に知ったのだが、東京都政に重きをなした粕谷さんのご母堂も秋田ご出身、と聞いた。

粕谷さんご自身は東京に生れ育った典型的なシティー・ボーイ、古き良き東京を愛し、新しい都市文化の在り方を考え続けた知識人。それが都市出版社を興し、雑誌『東京人』発行につながっていくのだが。そういえばニューヨークでも上海でも公立図書館や美術館など都市文化に関する施設をよく訪れ、熱心に関係者と面談していた。

都政史研究会での議論もさることながら、粕谷さんの東京に対する原点は「東京都」よりも「東京市」にあったように思う。実は、私が勤めていた時事通信本社は、日比谷公会堂、すなわち市政会館の中にあった。日比谷公園内の市政会館は、後藤新平のお声掛りの関東大震災・復興プロジェクトの一環。安田財閥が東京市に寄贈した建造物である。同会内に設置された「東京市政調査会」も後藤新平発案のシンクタンクである。

後藤新平は、アメリカの歴史学者、コロンビア大学のチャールズ・ビーアド博士と親交が厚かった。ビーアドは後藤市長の招請で初来日し、半年にわたる調査・研究で「東京市政論」をまとめた。また、関東大震災後に再来日し、復興意見書を提示している。粕谷さんは、この後藤新平とビーアドの都市哲学を高く評価した。「後藤新平の会」の初代会長に就任されたことは故なきことではない。

私も粕谷さんから「後藤新平の会」に誘われた時はすぐさま参加した。北岡伸一の評伝や杉森久英の小説を読んで知っていたし、水沢市の記念館を訪ねたこともあった。それだけではない。偶然だが、私は後藤新平の子息・河﨑武蔵氏と親しくお付き合いしていたのだった。河﨑氏は後藤新平の後妻・河﨑きみとの間に生れた三男である。日本バイエルの副社長の河﨑武蔵氏と会ったのは、鶴見俊輔氏らと『思想の科学』を創刊した判沢弘氏（東工大教授）のご紹介による。

私は満州・安東からの引揚げ体験をノンフィクションにまとめるため同地在住者に取材したが、判沢、河﨑両氏とも学徒出陣で捕虜になった旧日本兵だった。拙著の初版に河﨑氏を後藤新平の孫と紹介したが、その後、実子と判明し、あわてて二版以降に訂正するという失敗談があった。そういえば鶴見俊輔氏こそ後藤新平のお孫さん。そうしたこともあり、人間・後藤新平への関心はいっそう深まっていった。

以上、粕谷さんと私とのいくつかの接点について述べたが、振り返るといずれも〈歴史〉と〈人物〉の綾なす人間関係。すなわち、粕谷さんの言う通り「歴史（ヒストリー）は物語（ストーリー）」なのである。

リベラリズムと都市への関心

東京大学名誉教授、建築家　藤森照信

ご飯と茶碗の二つが整わなければゴハンを食べることは出来ない。同じことが都市にも言えて、ご飯に当たるのは政治や社会や文化や芸術、そのご飯を盛るのは、道路・水道・公園といったインフラや、学校・ビル・商店・住宅などの建築からなる器としての都市。

ヨーロッパと違い、なぜか日本では長いこと器としての都市への関心は薄かった。理由としては、木造都市の宿命として日本の器は地震と火災によって壊れやすく、はかない存在だったからかもしれない。都市に住む人々も、アイデンティティを器よりそこに盛られた文化に求めていた。城や社寺よりは歌舞伎や浮世絵に求めていた。

こうした事情は戦後も変わらず、歴史界を主導したマルクス主義系の都市解釈は、港ヨコハマという新しい都市も、明治の文明開化と都市インフラ近代化の震源地となった銀座赤煉瓦街も、〝半植民地的都市計画〟として冷たく扱った。〝半植民地〟というレッテルを貼り、具体的な中身については関心を払わないばかりか、たまに関心を払ってもデマに近い解釈をした。例えば、明治の内務省が東京の都市計画について「道路は元なり、水道は末なり」と述べた点を、〝国や産業のための道路を優先し市民の日常生活のための水道は後回し〟と解釈した。ちゃんと原文に当たれば、何のことはない、ただの工事手順のことで、道を通した後でなければ水道を引いてもまたやり直さなければならない、だけの話。

私は、文化の領分での戦後の唯物史観全盛時代を体験していないが、おそらく、こうしたレッテル貼りはずいぶん威力を発揮したに違いない。

都市についてのこうした不幸な時代が終わりを告げたのは、私の大学院生時代で、先駆したのは文学者たちだった。前田愛『都市空間のなかの文学』、磯田光一『思想としての東京』、長谷川尭『都市廻廊』が刊行され、文学と器としての都市の豊かな関係が、東京を舞台に描かれた。

この段階で編集者としての粕谷一希がどう関係していたかは存じないが、その次のステップを裏方で支え、リードしたのは間違いなく粕谷さんだった。

その次のステップとは、器の研究をもっぱらとする建築史家たちの登場で、陣内秀信、鈴木博之、藤森照信らが、東京をテーマに都市史的、建築史的著作を刊行し、さらにジャーナリズムで積極的に発言するようになる。工学部の建築学科で設計に加えて建築と都市の歩みを学び、研究する者が、一般のジャーナリズムに場を得るのは、極めて稀な現象だった。

私は当事者として体験したから間違いないが、われわれ若い建築史家に場を与え、より広い世界に導いてくれたのが粕谷さんだった。その粕谷一希を編集長に、一九八六年、その名も『東京人』が創刊されたのは当然の成り行きだった。

編集者としての粕谷一希は、戦後リベラルの立場を貫いたことで知られるが、そのリベラリズムがどうして後に都市と結びついたかを知りたいと思う。リベラリズムという塀の上をどちらにも落ちずに歩く、言うは易く行うは難い思想は、都市となにか親和性でもあるんだろうか。

良き書生だった大編集者、粕谷一希さん

評論家　川本三郎

粕谷一希さんには大恩がある。本当にお世話になった。粕谷さんなしにいまの自分は考えられない。

一九七二年、朝日新聞社を過激派取材によって退社させられたあと、フリーのもの書きになったものの、これから先、何を書いていったらいいのか、はたしてフリーで生きてゆくことが出来るのか、不安な日々を送っていた頃、粕谷さんが、一度会いたいと声をかけて下さった。

当時、粕谷さんは『中央公論』の編集長を退かれていたが、若手編集者の一人が大学の同学年だった縁で、三人で会うことになった。

ベテランの編集者が、駆け出しのもの書きに声をかけて下さる。これはうれしいことだった。何よりも意外な気がしたのは、粕谷一希さんは、当時、保守派の論客としても知られていたから、そんな人が新左翼運動に共感した人間に関心を持ってくれたことだった。その時は、粕谷さんの人間としての懐の深さ、後輩を心配する優しさとしてしか理解していなかったが、いまにして思えば、粕谷さん自身の体験——、誰よりも愛していた中央公論社を、その志ゆえに辞めざるを得なかったという辛い体験があったからだと分かる。

粕谷さんは昭和五十三年(一九七八)に中央公論社を退社している。二年前に『中央公論』の編集長を解任されたのがきっかけだった。組合との確執、いわゆる進歩的文化人たちとの不和、そして社長である嶋中鵬二との意見の違い。そうしたことから疲れ切っていたのだろう。

雑誌作りが好き、とりわけ新しい筆者を見つけ一緒に切磋琢磨してゆくことに生きがいを感じていた粕谷さんにとって、やむなく自ら退社を決意したことは、辛い、無念の決断だったことだろう。

そうした自身の体験があったから、私に声をかけてくれたのかもしれない。粕谷さんには、敗れてゆく者への共感があった。とりわけ、戊辰戦争で敗れた旧幕臣への思いが強かった。その点では、徹底して勝者の薩長を嫌った永井荷風に通じるところがある。

大久保一翁という徳川幕府に殉じた幕臣が好きだった。映画の話になると、きまって熱く語るのは、三國連太郎が彰義隊に加わって敗れてゆく「江戸一寸の虫」(五五年、中野実原作、滝沢英輔監督）だった。上野の山から燃える江戸の町を見て倒れてゆく敗者にこそ心を寄せた。戦艦大和で生き残った吉田満に敬意を抱き『鎮魂　吉田満とその時代』（文春新書、〇五年）を書いたのも、粕谷さんの敗者への共感ゆえだろう。

昭和五年（一九三〇）生まれの粕谷さんは思春期に敗戦を迎えた。二人のいとこは、フィリピンとニューギニアで戦死している。

これからどう生きたらいいのか。むさぼるように本を読んだという。戦前のファナティックな軍国主義にはもちろん同調しない。といって戦後の言論を主導した進歩的文化人の言説とも相容れない。粕谷さんの立場は、矛盾したたいい方になるかもしれないが保守リベラルといえるだろう。しかし、粕谷さんにとって大事なのは、考えよりもその人間だったのだと思う。あるイギリス映画の原題“The Singer not the Song”を気に入っていた。「大事なのは歌ではない、その歌を歌う歌手なのだ」とは、考え方より人物という粕谷さんの一貫した立場だった。

粕谷さんは出処進退を大事にした。中央公論社を退社されたのは無念だったろうが、自分の意志だった。

粕谷さんが尊敬した学者に小島祐馬《おじますけま》という中国古代思想の専門家がいる。内藤湖南の弟子。戦前、京大教授を勤めた。戦後、京大の総長にという声があるなか、京大を辞めると郷里の高知県に帰り、百姓生活に入った。粕谷さんはこういう出処進退がきれいな人が好きだった。

一高から東大に進んだ粕谷さんは、最後の旧制高校世代といっていいだろう。かつて日本には明らかに旧制高校文化というものがあった。知性、教養、品格、そして友情を重んじる心。小津安二郎の戦後の映画に登場する笠智衆や佐分利信、中村伸郎らは明らかに旧制高校文化を体現している。

現代ではそのエリート臭を嫌う人が多いが、彼らにはエリートならではの責任感（ノーブレスォブリージュ）があったし、大人になってからも変らないいい意味の書生っぽさがあった。粕谷さんも生涯、一書生の良さを持っていた。勉強好きで、品がよく、そして友情に厚い。

粕谷さんが『東京人』を創刊された時、私を執筆者の一人に迎えてくれた。そして「荷風と東京」を書くよう促し、励まし続けてくれた。五十代になってはじめて、ものを書くことの楽しさを知った。そして、敬愛できる編集者の下で仕事が出来る喜びを知った。

こういう先輩に出会えたことを本当に幸せだったと思う。

『東京人』創刊への粕谷さんの思い

法政大学教授
陣内秀信

初めて私が粕谷さんにお会いしたのは、一九八〇年代の早い時期に遡り、保守系知識人が集う

「日本文化会議」という文化団体の会議室だったと記憶する。この団体には、日本を代表する学者、知識人が名を連ね、その中に美術史の高階秀爾、比較文学の芳賀徹、歴史学の小木新造といった錚々たる学者がおられ、論壇・学界との繋がりの深い粕谷さんがいらした。中央公論社を退き、自由人として文筆活動に入って少し経った頃だった。

後から伺うと実は、高階氏、芳賀氏と粕谷さんは一高以来ずっと一緒に学び、仲のよい友人だったとのこと。その絆の強さが、こうした知識人サロンの活動にも反映していたのだ。

当時、一九七三年のオイルショック以降、開発ブームも影を潜め、むしろ日本の社会も自分の足下を見つめ直す段階にあった。欧米への憧れを脱し、日本の都市への興味、とりわけ東京への関心も生まれていた。さすがアンテナ感度の良い学者の方々だけに、時代を読んで、「東京の文化としての都市景観」と銘打つ学際的な研究会が立ち上がった。いち早くそのメンバーとなっていた景観研究のパイオニア、樋口忠彦氏から声を掛けてもらい、私もこのユニークな研究プロジェクトに加わることができた。

毎月のように行われる研究会では、民俗学の宮田登氏、文学の前田愛氏、江戸の歴史の竹内誠氏（現江戸博館長）、小林清親論で知られる美術史の酒井忠康氏、建築史の藤森照信氏をはじめとする、各分野を代表する論客の、いつも刺激溢れる話から多くを学ぶことができた。政治、思想、経済など、国家・社会を論ずる領域で主に仕事をされてきた粕谷さんも、この研究会で都市の歴史、暮らしの文化、景観といった柔らかい知的領域の面白さの虜になったのではなかろうか。

そこに私と同世代の実力派編集者、井崎正敏氏が参加しており、私の東京研究が面白いから本にしないかと誘われ、『東京の空間人類学』（筑摩書房、一九八五年四月）が誕生した。この本を嬉しいことに、粕谷さんが気に入って、当時、『サンデー毎日』に連載されていた「サンデー時評」に何と二週にわたって取りあげて下さったのだ。「みごとに東京という都市の構造を、全体として解き明かした画期的な書物である」と評していただいた。この本は幸い多くの方に書評してもらえたが、粕谷さんが私の思い、狙いを最も深く読み取って下さった。粕谷さんのその連載は、『東京あんとろぽろじい』（筑摩書房、一九八五年十二月）として刊行された。「あんとろぽろじい」には、社会科学全盛で学生運動に荒れた知的風土のなかで、社会科学よりも人間学を志し、孤独だった青春時代の記憶が染みついているそうで、場所や風景に人間にとっての意味を探る「空間人類学」に込めた私の思いに、共鳴し合うものを感じ取っていただいたに違いない。

粕谷さんは、その翌年、ニューヨークに雑誌『ニューヨーカー』があるなら、東京にはこの都市の歴史や文化を論ずる『東京人』があっていいだろう、と思い立ち、一九八六年に見事その創刊を実現した。「文芸的で、ジャーナリスティックで、美的であること」において、『ニューヨーカー』をモデルとする。

創刊に向けてお互い粕谷さんに協力してきた川本三郎さんとも、仲良くなることができた。川本さんが荷風のあとを継ぐ東京歩きの達人として心と技を磨けたのも、粕谷さん率いる『東京人』あってのことだろう。私も創刊号からの連載「東京オリエンテーリング」を皮切りに、ウォーターフロント特集、多彩な座談会、特集の執筆など、ことあるごとに機会をいただき、時代と併走できた。

「江戸東京学」も、『江戸東京学事典』(三省堂)も、江戸東京博物館も、粕谷さんの『東京人』が切り拓いた世界と軌を一にしながら生まれたものばかりだ。東京における都市文化のトポスの底知れぬ面白さを掘り起こし続けた点でも、粕谷さんの功績は計り知れない。

粕谷さんの支え

地域雑誌編集者、作家
森まゆみ

粕谷さんとはじめて会ったのは一九八六年ころ、新人物往来社の大出俊幸さんとなさっていた史遊会だとおもう。広い座敷の懇親会には綱淵謙錠さんなどもおられ、新撰組や会津鶴ヶ城などが話題に上り、なんとなく佐幕の雰囲気が漂っていた。私は一九八四年に女三人でささやかな地域雑誌『谷中・根津・千駄木』を始め、その翌々年に粕谷さんが編集長を務める雑誌『東京人』が創刊された。粕谷さんが『中央公論』編集長を務めた大編集者であることは知っていたが、二十代の終わりだった私は、都の肝煎りで創刊された、より大きな雑誌の傘下になりたくないという反抗心の方が強かった。それでも執筆陣には知人も多く、やがて、私も原稿を書くようになっていった。

八〇年代から九〇年代にかけて、粕谷さんにはごちそうしていただいた思い出が強い。立食パーティのあとなど「口直しにいきましょう」と粕谷さんが公衆電話から予約してくれる店はどこも飛びきりおいしく、貧困の中で子ども三人を育てていた私には夢を見ている感じだった。粕谷さんはポール・ウェイリー氏から「いま東京では『谷根千』という雑誌が一番面白い」と聞いて私に興味を持たれたのだという。それと大学時代、一番影響を受けた本に私が藤田省三『現代史断章』をあげたことが気になったそうである。いっぽう私の大好きな萩原延壽『馬場辰猪』や中公新書の『ある明治人の記録――会津人柴五郎の遺書』の出版にも粕谷さんは関わっておられた。

もっとも後者はサブのほうがタイトルにふさわしいというのであるが、同感だ。山の手のエリートの粕谷さんと下町長屋育ちの私には感覚の相違もあるのに、塩野七生さんや瀬戸内寂聴さんや鶴見俊輔さんや幸田文全集のことなど、口数の多くはない粕谷さんから聞く戦後の出版界のさまざまな話はとても面白かった。

一九九一年に私は婚をほどき、母子家庭となった。そのころ粕谷さんにTBSブリタニカの『アステイオン』に「何か評伝のようなものを書いたらどうか」と誘われ、自分に身近な「樋口一葉――ささやかなる天地」を一回書いた。粕谷さんはそれだけでは満足せず「鷗外をお書きなさい。若いうちに大きな人の胸を借りておくといいですよ」といわれ、『鷗外の坂』は毎回五〇枚ずつ九回という場を与えられた。同時期に『東京人』には『彰義隊遺聞』を連載させていただいた。暮らしを支えられたのみか、両方とも私の主著となった（一葉は岩波新書『一葉の四季』に化けた）。私は鷗外のなかで『青年』をそう評価しないが、粕谷さんは青年期の男同士の先輩後輩の友情という点から「気持ちがよくわかる」と共感し、いっぽう「徳川慶喜は冷たい男だ」ということでは評価が一致した。

粕谷さんは学者には厳しかったが、フリーの物書きの暮らしには同情があって、原稿料も大学に職のある方よりは多くいただいたと思う。九〇年代はまだ出版事情が今よりは少しよかった。また本をお送りすると、かならず懇切な感想や励ましの手紙が来た。とくに二〇〇九年に地域雑誌を終刊するさい、「雑誌には時代とともに生きる使命があり、それを果したならば潔くやめるのがいいのだ」という手紙をいただいた。ようやく肩の荷を降ろせる気がしてありがたかった。

ほかにも雑司ケ谷墓地を探墓したとき「サトウハチローは実に甘い。甘いけどいいね」とにやっとされたのが印象深い。五中―一高―東大の粕谷さんを妙に身近に感じたひとときだった。著作では『二十歳にして心朽ちたり』と『鎮魂　吉田満とその時代』がすきだ。吉田満と同じ東京高校から、東大の化学にすすみ、江田島で海軍将校として松根油の開発に当たっていたわが伯父と重なる部分が多かった。

私が低空飛行ながらも文筆渡世を続けてこられたのには、いろいろな方の協力があったが、とりわけ粕谷さんという紳士が陰でしずかに支えてくださったからだ、といまになっておもう。

世代を超えて

東京大学教授　今橋映子

二〇一四年五月、粕谷一希という存在をこの世から失って初めて、私たちは稀代の編集者にして作家であった彼の仕事の大きさを噛みしめている。丁度自分の両親の世代であった粕谷氏に、私は一人の著者として遇される光栄を得た。一九九三年、最初の著書『異都憧憬　日本人のパリ』（柏書房）を公刊した後、その仕事を見て直接に声をかけて下さったのが最初の出会いである。優れた仕事人の持つ少々厳しい面貌とは裏腹に、粕谷さんはいかにも旧知の如く、私に気さくに話しかけて下さった。「さん」付けで呼んでほしいと仰ったことから始まった最初の出会いで、とりわけ胸に響いたのはこの一言である――「今橋さん、僕はね、編集者と著者の間に世代の差なんて無いと思うんですよ。僕はどんなに自分より若い著者でも、心から敬して一緒に仕事をしていけると思ってる」――。それは駆け出しの著者にとっての何よりの励ましであると同時に、「優れた大人」とはかくあるものと身をもって示す一言であった。またさらに言えば、翻ってみて一体そのように遇されるにふさわしい著者であるかどうかを、自分に問い直す契機でもあったのである。

私の第二の著作『パリ・貧困と街路の詩学——一九三〇年代外国人芸術家たち』はその五年後、都市出版から刊行された。ベンヤミン、フィッツジェラルド、ヘンリー・ミラー、ジョージ・オーウェル、ヨーゼフ・ロート、ブラッサイ、ケルテス、佐伯祐三、金子光晴など、国籍も芸術ジャンル（文学、絵画、写真）も異なる表現者たちが登場するこの本に通底するのは、「異邦人としてパリに在ること」の問いかけである。粕谷氏は、雑誌『東京人』を拠点に、都市論を展開する多分野の研究者たちをつなぐ影の仕掛人だけあって、〈パリ神話〉再考を目論む私の意図を即座に理解して下さった。原稿用紙千枚近いものを、全く自由に書かせて頂いたのは、今さらながら感謝という他はない。また編集担当の稲垣みゆき氏は、図らずも中央公論社時代に金子光晴『ねむれ巴里』初版本の担当者でもあった。人の縁をつなぐ粕谷氏の才覚は、かくも隅々にまで行き渡っていたと思う。

粕谷氏はこのように、個人著者である私に理解を示しただけでなく、——そこはいかにも編集者らしい知性の発露だが——私の「世代」にも興味津々たる様子だった。

「今橋さんの世代は、バブル時代に大学生ですよね。あの当時は確か（全共闘世代の次の）「優しい世代」って呼ばれていて、こいつら大丈夫かとも思ってたけど、こうして付き合ってみると意外に心強いんだよね。これからの学問を引っ張ることもできる世代なんだ」と、勝手に目の前で得心されて恐縮したことがある。私の学問世界での師、とりわけ芳賀徹、高階秀爾両氏と、文字通り盟友であった粕谷さんは、私の専攻する比較文学・比較文化という学問領域の「行く先」にも、晩年まで心を砕いて下さった。奇しくも昨年（二〇一三年）、粕谷氏の主宰する東京史遊会で私に講演せよと提示されたテーマは、「比較文学・比較文化研究の現在と未来」である。おそらく心配されていたのであろう、大学が組織改革と称する営為にとかくのめり込み、研究者たちが行政のみに消耗する姿に、出版の側から、あるいは現役の書き手の一人として、粕谷さんは最期まで義憤の念を抱いていたように思う。

私と粕谷氏を最初につないだのは、拙著『異都憧憬』中の美術批評家・岩村透（一八七〇―一九一七）に関する研究である。粕谷さんは「東京のボヘミアニズム」に関するその内容を心から面白がり、そこをもっと書けと、ずっと私を促し続けて下さった。この数年来この仕事はようやく深く熟成し、おそらく新たな実を結びつつある。これを何としても完成させ、編集者・粕谷一希に、遅ればせながら次世代の意地と感謝をお見せしたいと思う。

恩

演劇評論家　大笹吉雄

何がきっかけでお知り合いになったのか、強い印象ではなかったから、すぐには思い出せなかった。が、これ以外にはない。

明治期以降の総合的な演劇史を書きたいと思い、白水社が刊行していた雑誌『新劇』に連載をはじめたのは、昭和五十四年の四月号だった。連載をつづける一方、ある程度まとまった段階で順次単行本化することになり、『日本現代演劇史・明治　大正篇』と題して第一巻を出したのが、昭和六十年の三月だった。と、これが思いがけなくも、この年度のサントリー学芸賞を受賞した。はじめて粕谷さんとお会いしたのは、この受賞パーティーでだったと思う。お声をかけてくださったのだ。

この翌年に、粕谷さんは『東京人』というシティ・マガジンを創刊され、編集長に就かれた。創刊当時は季刊だったが、この雑誌が演劇をどういう意味でか扱うごとに、わたしを起用してくださった。原稿を渡すたびにお会いするので、自然と雑談するようになった。いつも穏やかでユーモラスな、話題が豊富なお話し振りで、お会いするのが楽しかった。そうこうするうち、粕谷さんのお世話で、もう一本の連載をはじめた。新派の名女形、花柳章太郎の評伝である。『東京人』に係わりながら、粕谷さんはサントリー文化財団が季刊誌として出していた『アステイオン』の編集長も兼ねられていたが、ここへの連載が決まったのだ。『花顔の人・花柳章太郎』と題した評伝の第一回は、昭和六十三年の夏季号に掲載された。その雑誌発売のほとんど直後、わたしは抗議の手紙を受け取った。同じく新派の俳優で、章太郎の義理の息子の元マネージャーからのもので、プライバシーに過度に触れているので連載を止めてほしい、もし続行するなら、裁判に訴えることもあり得るという内容だった。むろん、わたしはそう思わない。が、どうすればいいのか、分からない。急いで粕谷さんに相談すると、中止することはない、面白い評伝になりそうだから、その人に会って掛け合うとの即答だった。

結果は言うまでもないだろう。連載はつづき、そのさいちゅうに単行本にしたいとの申し入れがあって、そうなった時、これも思いもしない大佛次郎賞をいただいた。平成三年だったが、もし中止に追い込まれていたら、この栄誉はない。粕谷さんの恩ということを今、しみじみと思う。ありがとうございました。どうぞごゆっくりお休みください。

「思想の右、左を問わず」の口ぶり

音楽評論家、学習院女子大学講師
杉原志啓

比較的晩年の著作で、副題に「名編集者が語る日本近現代史」を冠した『歴史をどう見るか』がある。そのなかで、粕谷さんはこんなことをいっている。没後多くの人にブックサいわれる〝講座派の親分〟羽仁五郎は偉かった。そのことは、たとえば東洋における資本主義の形成に関与しているイギリスの東インド会社の研究をやっているところにあらわれている。すなわち、「こういう研究というのは羽仁五郎だけでなく、日本でいえば、大川周明がやっていた。大川周明というのは、右翼ですけれども大変な学者であります。北一輝もそうですね。北一輝はインドではないけれど中国革命について、非常に深くコミットした、いい本を書いています。ですから、思想の右、左を問わず、いい研究書があるということも事実です」

粕谷さんの本では——つまりかれの人となりは、ここでの「思想の右、左を問わず」というところがポイントのひとつではないか。今般三巻本で完結したばかりの『粕谷一希随想集』を瞥見してもそうおもったのだが、およそかれは、歴史やさまざまな事象におけるプラス・マイナスの価値判断を声高に打ち出さず、かといって胡乱な語り口にも陥らず、なんであれ物事の道筋を淡々と鳥瞰していく談論風発の姿勢で終始しているからだ。

その粕谷さんとはじめて言葉を交わしたのは、たしか平成六年晩冬のこと。ながくわたしに本読みの手ほどきをしてくれた亡き思想史家坂本多加雄先生のあと押しで、かれの主宰する都市出版より『蘇峰と「近世日本国民史」——「大記者」の修史事業』出版を快諾していただいた直後だった。それまでわたしは、「名編集者」にして幾多の著作をもつかれについて、ただ書籍を通じて存知あげていただけのことで、それもコンサヴァというよりむしろオールド・リベラルな香りの漂う論者のひとりとして。それが初対面で、かれがさりげなく「僕も徳富蘇峰の『近世日本国民史』は愛読しているんだよ」と、それこそ「思想の右、左」のない口ぶりに接したときのうれしい驚きはいまに忘れられない。

以来粕谷さんには、都内はもとより京都界隈でも愉快な一献の機会に連れ回されたもの。なかでもまだ坂下の路地裏通りにあったころからの神楽坂の渡津海というちょっと値の張る小料理屋によく連れられていったのだが、どういうわけかかれはその度にきまっていう。「どうだ君、食えてるか」。それでわたしは、あるとき「食えてるとは、どういうことをいうんでしょうか」と訊くと、「この店へ毎晩通えることだな」そういってニヤリ。なるほどとおもったものである（遺憾ながらわたしはいまだ渡津海の常連ではない）。

最後にお会いしたのは、二年まえ（二〇一二年）、粕谷さんのお気に入りだった（とわたしは確信している）坂本多加雄没後十年記念の富岡幸一郎さんを含む『環』での鼎談の席上である。芳しからぬ体調をおして来られた様子の粕谷さんは、それこそ「思想の右、左を問わず」あらゆるイズムやイデオロギーから自由だった坂本先生のことを懐かしげに眼を細めているようだった。

読書会以来三十年

同志社大学教授　佐伯順子

「光栄です」――読書サークル土曜会の大先輩・粕谷一希さんのご講演。現役メンバーの自己紹介で、私が『二十歳にして心朽ちたり』（一九八〇年）に感銘をうけたと申し上げると、粕谷さんはおっしゃったのだった。一学生になんと丁寧なお言葉を返して下さることか。ご謦咳に接したその最初の瞬間は、今も鮮明に思い起こされる。

土曜会は、佐々淳行さん、矢内正太郎さん、故・坂本多加雄先生などを輩出した知る人ぞ知る読書会だが、当時の私はそんなこととはつゆ知らず、ただ学外から知的刺激をうけたいと切に願い、入部したインター・カレッジの読書会で粕谷さんとお会いした。

その後、社会人になってから、流麗なペン字の差出人のお名前とともに、ご高著をお送りいただだくようになったが、私自身が最も好きな粕谷さんのご本は、やはり『二十歳にして心朽ちたり』であり、一般的にもより注目されてよいお仕事かと思う。同書を拝読したころ私自身もちょうど二十歳あたりで、主人公・遠藤麟一朗の若き苦悩が心にしみた。

池袋のご自宅には、土曜会のメンバーが時折お訪ねし、私たちも同世代の数人でうかがい、ご令室さまにもお世話になった。学者になるには何が必要かとの先輩の質問には、「持続力と集中力」と王道のご回答があったとか。その先輩ではなく自分が研究職につくとは、人生とは異なものだが、物を書く仕事にはつきたいと思っていた私にとって、出版界をけん引される粕谷さんはまさに憬れであった。

雑誌『東京人』を創刊されたころに編集部にお招きいただいたり、産業図書の故・江面竹彦社長がなさっていた研究会「東京学団」や、仕事関係のグループ旅行でもご一緒させていただいたりと様々なご縁ができたのも思いがけなく、旅行の際に「よかったですね」とやさしくお声がけくださったことも印象深い。根津朝彦『『中央公論』編集者の配置と思想』（二〇〇七年）のもととなった修士論文に大学院で接し、粕谷さんのお名前をみいだしたとき、『中央公論』創刊の源には京都の新島襄の刺激があったのではとの山崎正和先生のお説にふれたときにもご縁の不思議にうたれた。

お別れの場で、学生時代にお目にかかったころのままのふっくらした唇が閉じられていることに、総合雑誌のある時代の終焉が重なるようでやるせなかったが、知的言論はなやかなりし八〇年代にひきかえて、〝読みやすい〟文章があたかも〝よい本〟であるかのように流通し、硬派な言論がおされてゆく二十一世紀の現状にどう棹さすべきか——残された私たちは大先輩にならい、真摯な議論の灯を消してはならない。

総合雑誌の季節——粕谷一希氏を偲んで

早大参与、サントリーOB　小玉　武

粕谷さんが鬼籍に入られた今、大きな喪失感を味わっている。

私は粕谷さんに、PR誌『洋酒天国』や『サントリークォータリー』などおもに企業文化にかかわる仕事でお世話になった。思い返してみると、私が粕谷さんを知って半世紀にもなる。『中央公論』の編集長になられるかなり前、編集次長に抜擢された翌年の昭和三十七年のことだったかと思う。

作家の尾崎士郎先生が後援会の会長をやっておられた宇津井健の「励ます会」が、銀座の某所で開かれた。先生や清子夫人ときわめて昵懇だった当時の『中央公論』編集長の笹原金次郎さんが会を取り仕切っておられた。宇津井さんの会というわけでサントリー（当時は壽屋）が協賛していて、駆け出し宣伝部員だった私も、粕谷さんや綱淵謙錠さんのお手伝いをしたのだ。思えば粕谷さんが前年若くして綱淵さんに続いて編集次長になられたことは、会場にいた私の上司山口瞳係長からきかされたと記憶している。世の中を震撼させた「風流夢譚」事件が、ようやく落ちつきをみせた頃のことだった。

後年、上梓された『中央公論社と私』には、当時のことが、銀座の文壇バーの華やかなエピソードとともに、懐かしげに回想されている。

昭和五十四年、サントリー文化財団が設立された時、粕谷さんは佐治敬三理事長や山崎正和理事の誘いをうけて参画され、機関誌『アステイオン』の編集長を務めて下さった。私が出向中だったTBSブリタニカ（当時）出版局に同誌の編集部が置かれ、私も多少かかわった。

その頃のことだったと思うが、粕谷さんはこんな意味のことを漏らされた。

「総合雑誌はね、大学新聞が活発な時代にはよく売れるんですよ。学生運動の嵐をまともに被っていたからかな……、あの頃は大学新聞が元気だったし、雑誌全般に勢いがあった」

私は学生時代、早稲田大学新聞会に四年間もいたので、ご指摘はわが意を得たりだった。けれども今、東大新聞（創刊大正九年）も、早大新聞（同十一年）も存在感は希薄であり、慶大の三田新聞（同六年）にいたっては休刊となって久しいと聞く。総合雑誌も、大学新聞も逆境にめげず頑張って欲しい。

粕谷さんは「中央公論社の中で生きたその延長で私自身その後の人生を生きてきた」と前掲書

で書かれた。生涯〝雑誌人間〟だった。だからこそ『戦後思潮』をはじめ、遺された著書からは時代の思想的文脈を掘り起こす編集者の目を、生き生きと感じられるのだと思う。心よりご冥福をお祈り致します。

人の出会いを創る楽しみ

サントリー文化財団　今井　渉

粕谷先生には、サントリー文化財団創設の一九七九年から、主に次代の若手の発掘、支援に繋がる事業をご支援頂きました。学芸賞の選考委員には第一回から就任頂き、編集者としての深い目利きのお力に頼り、政治経済、思想歴史の二部門をお願いしました。研究助成の成果発表会や研究会では、往時のエピソードをまじえながら質問をされ、若い研究者は大いに刺激を受けていました。

また、季刊『アステイオン』編集長は八年に亘りお願いしました。私が担当者として初めてお会いしたのは、創刊の前年一九八五年だったと思います。山崎正和先生から、「名伯楽、粕谷さんについていれば大丈夫」と紹介され、緊張して前に出ると、怖い顔をしているものの、「まー、よろしくな」といいながら、照れたようにお酌してくれました。

それからはずいぶんと酒席をご一緒しました。京都、池袋、四ツ谷、銀座、日本橋、赤坂、新宿三丁目など、カウンターで、ご夫妻でやっているぐらいの目配りのよくきくお店がお気に入り。そこには大抵、編集者や執筆者が一緒で、新米の私にはよくわからない人名、言葉が飛び交い、議論しながら人の頭をポンポン叩いている粕谷さんがいました。

当時の『アステイオン』は「巻頭百枚」論文が目玉で、原稿の進まない執筆者に活を入れたり、呑みに連れて行ったり、カンヅメにしたり。また、「対談書評」は、編集長自らが対談の相手として誌面に登場するもの。若手からベテランまでを相手に、その時々の自分の気に入った本を切り口に時代を語りつくすというものでした。テーマ、対談相手を考えろといわれ、考えあぐねていると、「人と人を会わせてテーマを与えて、そこで何かが生まれる、そんな瞬間に出会えるなんて、編集者っていい仕事だろ！」と。

サントリー文化財団は人のつながりが大きな財産であり「人団」とも言われます。人と人との出会いを作ることが編集の仕事であると単純化できるなら、財団の仕事は、編集の仕事そのものかもしれません。そういった勝手に解釈・納得して、粕谷先生や執筆者の方々と同席するぜいたくを楽しんでいました。

『アステイオン』編集長としての最終号後記に「今日の日本が国際社会に対する場合、不可欠な感受性と思考を提供してきた」「思想・文学・歴史は、人文主義の根幹であり、すべての学芸はそこに発し、そこへ還るものでなければならない」と記されました。三五年に亘り学芸の振興を標榜してきた文化財団が、日本のこの状況の中で務めを果たせているか、存在は、志はどうか、先生にどう見えているのか、今こそカウンターでお聞きしたかったと思われてなりません。

もの言わずして、もの言う唇

書家、京都精華大学教授　石川九楊

予期せぬ粕谷一希さんの訃報に接し、ただとりとめもなく、思い出のみを記す。

「高坂正堯さんをどう思いますか」、「京都学派はどうですか」……などと、粕谷さんはなにかと問いかける人だった。

答えを求めてのものではなく、さりとてこちら側を推量するという類のものでもなかった。たえず、第三の解を探し求めてのものだったのだろう。

「問う」という語に、なにか「さわる」ところがあったのか、ある社の顧問役についた時には、「顧問というのはいい役だよ、返り見て問えばいいのだから」と愉快そうに話された。また雑誌『アステイオン』での李禹煥さんとの対談の後に流れたバーでは、「質問をした方が対談は勝だよ」とさりげなく語られた。

そして、粕谷さんは解くことを楽しむ人だった。

いまの京都駅ができた時には、「駅に人を集めたら、町なかには人が流れなくなる」、東京根岸に私が引越した時には、「下町の人間は洒落ばかりで閉口だよ」などと。

時には、「コンビニもなかなか悪くないね。弁当もいけるよ」という愛敬ある声もあった。それらは、説く、教える、諭すものではなく、もうひとつの面白い解が見つかったことをうち明けるという質のものだった。

経験を重んじ、いったん下した判断であっても、「最近は、全共闘世代の人を面白いと思うようになったよ」と柔軟な姿勢はくずれなかった。もっとも、「私は違う、ひとつ前の世代」と何度説明しても、粕谷さんの目からは私もその一員に見えるらしかった。マルクスを意識して、思想は、「世界を解釈する」ことからしか始まらぬとたびたび口にされるのも耳にした。

そして、粕谷さんは人と人とを繋ぎ合わせることの巧みな人であった。『キメラ――満洲国の肖像』を出版した山室信一さんをはじめ、サントリー学芸賞受賞者等と顔を合わせる機会をたびたびつくってくださった。

縁あって、粕谷さんの後輩の『中央公論』編集長・宮一穂さんを副所長に迎えて、京都精華大学文字文明研究所を設立したことを喜び、またこの研究所から宮さんの『古典読むべし　歴史知るべし』という古典案内書を出版した時には、大いに誉めあげてくださった。

それが資質からなのか、編集という仕事からなのか、あるいはその両者なのか、「問う」「解く」「繫ぐ」――それは粕谷さんの日常のごく自然なスタイルであったように思われる。

粕谷さんは、言葉が力をもち、たえず上昇せんと、議論が社会中に溢れかえっていた、よき時代の雑誌編集者であった。

総合雑誌には、『中央公論』があり、『世界』があり、『文藝春秋』があり、そして文化的香りのひときわ高い『展望』があった。この時代には達人編集者は粕谷さんのほかにも何人かが存在した。

だが、言葉が力と輝きを失って久しい時代に、粕谷さんは京都に在った私の友人と私の前に現れた。

私を粕谷さんに引き合わせてくれたのは、高校時代に『ロシア原初年代記』を読んだ、元ミネルヴァ書房の編集者にして、現在の名古屋大学出版会中興の礎をつくった、故・後藤郁夫君――学部は違ったが、大学時代からの友人であった。書家として独立し、書をめぐる雑文を書き始めた私を、鴨川の床での粕谷さんとの宴に、誘ってくれた。

そのときの粕谷さんの風貌は今もまざまざと眼前にある。とりわけただならぬ存在感をもった下唇は、無言のときにも雄弁に動いていた。「思考する唇」――いまそんな句《フレーズ》が頭をよぎる。

後藤君が名古屋に移ってからは、「西洋古典叢書」日本語版、全四百巻の出版によって、日本の文化、学術的基盤の整備を企てた、京都大学学術出版会の創業・編集者、八木俊樹を交えて、しばしば粕谷さんと飲むことになった。

　初対面とは別に、もうひとつ忘れられない粕谷さんの姿がある。

　一九九八年七月、夏の日射しの照りつける京都吉田山麓、吉田神葬墓地。「西洋古典叢書」の第一巻の刊行目前にして病に斃れた八木俊樹の三回忌（無形忌《プラズマ》）。友人達が、八木とその仕事を顕彰するために樹てた、鞍馬石のささやかな「逆説碑」の除幕の日だった。石の回りをとり囲む友人達から少し離れて立つ粕谷さんは、いつもの悠然たるそれとは異なり、作家か詩人のように孤絶した姿で佇んでいたように私には見えた。あの場で何を思い、何を考えておられたかは、残念なことには、ついに聞かないままに終ってしまった。

　中央での『展望』の廃刊、身辺での同人誌・サークル誌の激減——言葉が力と輝きを失った時代に、中央からの視点の『中央公論』の編集長を了えた粕谷さんは、『外交フォーラム』と『東京人』という二つの雑誌を創刊した。前者は日本を世界の一地方《ローカル》に、後者は東京を日本の一地方《ローカル》にと組み替える試みだったように思う。そして著者に会うためにではなく、地方都市・京都へも足を運ばれるようになった。そんな時代に、私達はいわば「地方《ローカル》公論」の編集長へと転生を遂げた粕谷さんと幾度かの夕《よる》を楽しんだ。

　八木俊樹、後藤郁夫、そして私の三人を、「京都の三畸人」とからかうように綽名し、かわいがって下さった。薩摩、但馬、越前の地方出身者が、京都という地方《ローカル》都市を舞台に育んだ思想とスタイル――それが、地方に目を向けた真正の都市知識人《エリート》編集者には「畸」と見えて、面白がられたのだろうと思う。ちなみに、「畸」とは割り切れぬ余剰。

粕谷さん、大いなる抱擁をありがとうございました。合掌――それ以外に今はなすべきことがない。

広大な視野のプロデューサー

元駐英大使、森アーツセンター理事長　藤井宏昭

粕谷さんと知り合ってから四半世紀が過ぎた。『外交フォーラム』の御縁である。私が外務省の官房長になった頃には既に『外交フォーラム』の話は相当進んでおり、在任中の一九八八年十月に創刊された。私は外交を進める上で国民の叡智を結集することと幅広い支援を得ることが必須であり、研究と論壇の推進が必要と考えていた。研究については国際問題研究所の強化策を考えた。『外交フォーラム』は編集長の粕谷さんの下、新人や外務省員を含めた自由な議論を行う場を提供した。『外交フォーラム』はまた、「志遊会」を作り、月一回の朝食会のメンバーは財界

一九九五年二月二七日第三種郵便物認可　二〇一五年五月一五日発行（毎月一回一五日発行）

月刊
機
2015
5
No. 278

発行所　株式会社 **藤原書店**©
〒一六二―〇〇四一　東京都新宿区早稲田鶴巻町五二三
電話　〇三・五二七二・〇三〇一（代）
FAX　〇三・五二七二・〇四五〇
◎本冊子表示の価格は消費税抜きの価格です。

編集兼発行人
藤原良雄
頒価 100円

第Ⅰ期終刊に際し、ご愛読の皆様方に心から御礼を申し上げます。

学芸総合誌・季刊『環 歴史・環境・文明』第Ⅰ期終刊

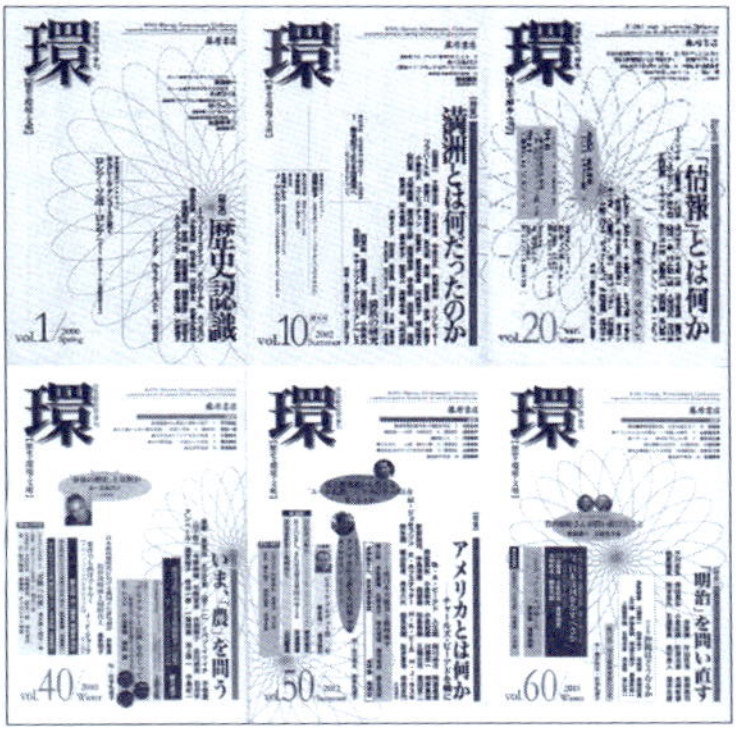

二〇〇〇年春より刊行して参りました学芸総合誌・季刊『環――歴史・環境・文明』を二〇一五年春の六一号にて、第Ⅰ期終刊とさせていただきたいと思います。この間小誌をご愛読戴きました皆様方に心から御礼を申し上げる次第です。この十五年、世界は戦争やテロに明け暮れ、国内でも金融・経済不安はおろか社会不安が押し寄せています。小誌は、「歴史を問い直す」「すべての常識を問う」をモットーに、時代や社会に抗う根源的問いかけをしてきたつもりです。少し時間の猶予をいただき、次期に向けて構想を練ってゆきたい所存です。

編集部

● 五月号目次 ●

――「世界の歴史の新しい転換をもたらす、巨大な歴史意識の作動」――

東アジアから世界を見る

高 銀

新しい文化の同心円

すでに私は、東方アジアの漢字圏、あるいは西欧文明の受容者として、同じような悩みと情熱に支えられた体験をもとにした、新しい文化の同心円を予感しています。このような貴重な文化享受の同質性は、これから政治力学の硬化を解きほぐす時代を、必ず作り出すはずです。もしかしたら、東アジア連帯という未曽有の地域史の発展は、明日やあさってという近未来よりも、より遠大な設定を意味するのかもしれません。このような歴史の勝利であり、祝祭でもある、一つの地域拡大連帯の実現は、東アジアだけの事件にはとどまらないでしょう。

東アジアの問題解決の鍵である朝鮮半島の統一問題も、それが成し遂げられたとき、それは朝鮮半島を越えて、東アジア文明の慶事であり、それ以上に世界の歴史の新しい精神の紀元に寄与する祝福となるでしょう。今や世界は第二次世界大戦以後の「極体制」を成しているアメリカによってのみ動かされるようなことはありません。近世以来、世界の歴史を主導してきた西欧中心史観もまた、今や、その中心の外の、疎外された空間に比べて選別的であることはできません。

アジアの由緒ある巨大な空間である中国やインドの、顕著な世界の歴史への登壇もまた、他の地域の勢力との一定の均衡調和を得ることができなければ、自らの成長矛盾を加重することになるのは間違いありません。東アジア圏で、相当の期間、習慣的に、西欧またはアメリカとの密着を維持してきた日本は、本当は、東アジアでは心を通わせ合う友人のいない孤独を、自身のプライドと倒錯しているのかもしれません。

東アジアの新しい転換

世界は、常に問題だらけです。今、世界各地の教条的な利己主義は、競争するかのように保守化へと駆け上がっています。敵対的な原理主義を膨らませています。その反対側の革新陣営もまた、自らの中の「行態論」に陥っています。現在の世界の歴史もまた、数千年間の世界の歴史そのままに、不和の本能を文明史的に調節できずにいます。

今、地球上で最も凄惨な中東およびアラブ世界の、イスラムと西欧キリスト教との血みどろの闘いを終わらせる、人類の核心的な倫理を、われわれは見つけられずにいます。これは世界各地の不平等が生んだ不均衡と不調和に対する恐れと抵抗の表出でもあります。

▲高 銀（1933- ）

侵略は、完璧な解決策ではなく、むしろその反対です。戦争が平和を生むのではありません。また現在の戦争状態は、戦争を私有化し、固体化させています。遠からず、戦略的核の先端的兵器は、列強だけの独占体制では管理できなくなるでしょう。一つの国家だけでなく、一戦闘集団でも作ることができるようになるでしょう。

ここで指摘したいのは、アメリカの習慣的な軍事行動は、中東地域やその他の緊張地域で、決して誇れるものではなく、さらに介入を強めれば強めるほど、世界各地により多くの緊張と不安を招来するだけだという事実です。世界が性悪説の対象であるケースは、いくらでもあります。今、地球上で緊張の悪化した地域はどこもアメリカの警察国家行為が介入していますが、まさにこのような世界管理の方式が、いつまで健在でいられるか、誰にもわかりません。アメリカは、行く先々で極端な葛藤だけを残しています。最近のことだけでも、イラク、アフガン、マグリブ、シリア……この次はどこでしょうか。

願わくば、世界史的な省察が、この長期間の無責任な貪欲さを浄化させる日が、世界の歴史の中の東アジア像も同時に掲げる日になってほしいものです。世界が世界の拍手喝采を浴びる日、東アジアでも、その拍手の音と東アジアの海の波音とが奏でる交響曲が荘厳に響き渡ることでしょう。それとともに、東アジアの新しい転換が、世界の歴史の新しい転換をもたらす、巨大な歴史意識の作動こそが、東アジアの新しい歴史の誉れとなることでしょう。

（コ・ウン／詩人）

小西明子訳（構成・編集部）

＊全文は『環』61号に掲載

なぜ「世界文学全集」に日本人の作品として唯一『苦海浄土』が選ばれたのか？

石牟礼道子は「もだえ神」
――世界文学としての『苦海浄土』――

池澤夏樹

『苦海浄土』は小説である

石牟礼さんが使われる水俣のことばの一つに「もだえ神」というのがあります。もだえるというのは、身もだえする、苦しむ。だれかが苦しんでいると、そばに行って、いっしょにもだえる。それ以上のことはできない。救う力なんかない。だけど、いっしょにもだえることで、その人の苦しみの何かを軽減させている。少なくとも苦しんでいる自分を知っている、見ているだれかがいてくれる。それができる人をもだえ神というんです。人は潜在的には神だから。いつも集落の中をふらふらしていて、何の役にも立たないけれども、しかし、だれかが苦しいというと、すぐにそこに行く、そばにいる、というような人が、少なくとも昔はいた。

石牟礼さんは、水俣病の患者さんたちにたいして、一つはもだえ神であろうとした。もう一つは、何が起こっているかを観察しようとした。そしてそれを、他の仲間たちといっしょに一つの運動に育てあげて、そこで行われている不正を正そうとした。いくつもの段階があります。『苦海浄土』という本はルポルタージュという誤解が初期にありましたが、あれはむしろ小説です。患者さんのことばを、録音機で聞き取ったわけではない。全部、彼女は一旦自分のものにしている。完全に血肉化したうえで、もういっぺん、小説の中のことばとして作りなおしている。その技術はすごいものです。あるいは、方言の使い方。方言というのは非常に生活感があって、効果がありますが、しかし、それが何を意味するかを文字で伝えるのはむずかしい。石牟礼さんは漢字と振り仮名を巧妙に使って、ある程度、前後に説明的なことばをスッと入れて、大変上手に使っている。

患者さんの声、ふるまい、思いを伝える柔らかくて雄弁な文体がある。それに対して医療研究者の報告はそのままポンと放り込む。これは病気についての科学的な記述ですから冷徹きわまりない。そしてあとは官僚たち、チッソの社員たちの、悪辣なふるまい。平気で嘘をつく、ごまかす、力づくで抑えこむ、などなどに対する怒りは、たんに一方的に自分を正義の味方にしての怒りではなくて、相手まで巻き込んで変えていく力になる。読んだ官僚がいたら（いたとしたら）心から恥じ入ったはずです。

　これらの要素が大変巧妙につながって、水俣病という一つの社会現象の全体像が、次第にあの大作の中で見えてくる。

日本人全員に責任があった

▲池澤夏樹氏

　ぼくは『苦海浄土』について解説を書きながら、こういう言い方をしました。あの時、日本は建設途上であった。大きなブルドーザーが広い道を造っていた。その道の先に、たまたま水俣の漁民の人たちがいた。そのブルドーザーを止めるか止めないか、止めなかったんです。結局はそういうことなんです。そのブルドーザーの後ろには、日本人全部の総意があった。これが今からだったらはっきりわかる構図でしょう。そのまま東電の話にしてもいいですけれどね。
　だけど不思議なことに、苦しい思いをして、時には亡くなって、東京まで行ってチッソの前で坐り込みをする患者の人たちが、病気を通じてある精神的な成長を遂げます。たぶん加害者の側は成長できなかったと思う。しかし被害者は、その苦しみを通じて、自分をもう一つ高い位置に押し上げていく。
　ある意味では代わりに病んでいる。そこに病気の人がいたときに、この人は自分の代わりに病気になってくれているという見方もできる。それがたぶんもだえ神なのだと思います。たんにそこに他人として病気の人がいるのではなくて、その人が病気なのは、自分が病気でないこととつながりがある。そういう倫理的な道をたどっていくのに石牟礼さんが立ち合って、たぶん自分もある種の成長を遂げたんだと思います。そしてその過程を見事な文章で書いた。つまり、患者さんと支援者の人たちは、あの病気という大きな現象を通じて何か偉大なものを作ったのです。それを伝えるのが『苦海浄土』だと思います。（抄）

（いけざわ・なつき／作家）

＊全文は『環』61号に掲載

今年一月、パリで起こった事件の深層にある、フランス社会の問題とは何か。

風刺画誌『シャルリ・エブド』襲撃テロ事件は、なぜ起きたか

仏EHESS教授・社会学者　**F・コスロカバール**（聞き手・訳＝池村俊郎）

——なぜ四〇〇万人デモのような強い反応が起きたのか。

民主主義の根幹にある表現の自由に関わるだけではない。むしろ、フランスという国が、いかに徹底して脱宗教化・世俗化した社会であるかの裏返しでもある。この国はあらゆる宗教の介入を徹底して嫌い、警戒する。その根源はフランス革命にさかのぼる。ライシテ（政教分離）といわれる原理であり、ライシテ原理主義者といえる者さえいる。デモに参加したとはいえ、『エブド』誌の風刺画はやりすぎだと思うフランス人が少なくなかった。だが、宗教の名で人を殺す権利はだれにもないと断固考えている。

事件はその意味で、学校教育を始め、フランス人が国民として頭に刷り込まれた脱宗教の観念にグサリと突き刺さったのだ。

背景にあったのは、①フランス人は革命以来、学校教育で宗教の介入を許さないという観念を刷り込まれている、②イスラムという異質なものへの反応。もし仏極右組織が同じ事件を起こしていたら、あれほどの反応は起きなかったろう、③犯人は大都市郊外育ちのフランス人イスラム教徒の若者。それに対し、「お前は国を裏切った」という気持ちを掻き立てた。移民子弟の犯人に教育を与え、一定の生活を保障したのはフランス。育ててくれた国に対し、何たる恩知らずの行為か、と怒りにかられた、④フランス人が我々の社会は大丈夫か、という不安に襲われた。自分たちは外（国外）だけでなく、内（国民、国内）にも敵を抱えているのだ、と認識させられた衝撃の深さではないか。

——では、フランスはどんな処方箋をもつべきか。

イスラム系住民の若い世代に起きる急進化という問題の解決に努力したとしても、最低二〇年はかかるだろう。いつかは解決できるかもしれない。しかし、真剣に取り組んだとしても長く厳しい闘いになる。彼らが生きている大都市郊外（バンリュー）のゲットー化を破壊し、イスラム教徒家族が集中して住むような現在のシステムを変える必要がある。イスラム教徒子弟が九〇％で、いわゆる白人フランス人子弟が数えるほどしかいない初中等教育の現場で、革命以来の共和主義を教えるだけでリアリティーがあるだろうか。新任教員はそんな環境下で、生徒が攻撃的な上に秩序もなく、権威を信用しない中でとまどい、絶望している。教育現場に矛盾が噴出している。

（構成・編集部）

＊全文は『環』61号に掲載

第Ⅰ期終刊！　2000.4〜2015.5

学芸総合誌

環

季　刊

【歴史・環境・文明】

KAN:
History, Environment, Civilization
a quarterly journal on learning and the arts for global readership

vol.61　2015年春号

菊大判　432頁　**3600円**

●創業25周年・記念講演と対談

〈講演〉**高　銀**「東アジアから世界を見る」〈対談〉**高銀＋小倉和夫**　（小西明子訳）

●『石牟礼道子全集』（全17巻・別巻1）**完結記念シンポジウム**

今、なぜ石牟礼道子か

池澤夏樹／高橋源一郎／町田康／三砂ちづる　（司会）**栗原彬**

●〈シンポジウム〉なぜ今、移民問題か　別冊 環⑳刊行記念

宮島喬／石原進／藤巻秀樹　（司会）**鈴木江理子**

〈野間宏生誕百年記念〉**震災・原発と野間宏**

古川日出男／山田國廣

希望を生み出すこと　水俣から考える ……………………………… **坂本直充**

蓬《よもぎ》文化と『苦海浄土』 ………………………………………………… **鈴木一策**

●〈小特集〉新しい社会運動に向けて　『闘争の詩学』の著者、金明仁氏を囲んで

金明仁（渡辺直紀訳）／**四方田犬彦／佐藤泉**

山百合忌——鶴見和子さんを偲ぶ

ロナルド・ドーア／武者小路公秀／澤地久枝　ほか

〈インタビュー〉**風刺画誌『シャルリ・エブド』襲撃テロ事件は、なぜ起きたか**
…………………………………… **ファラド・コスロカバール**（聞き手＝池村俊郎）

フランス史の創造者、ミシュレ
L・フェーヴルの『フランス史の創造者ミシュレ』を読む　…………………… **大野一道**

アルバニアが生んだ天才ヴァイオリニスト　テディ・パパヴラミ ……… **山内由紀子**

〈インタビュー〉**汝の食物を医薬とせよ** ……………………………………… **井手教義**

〈インタビュー〉**私は食べ物で治します** ……………… **佐藤初女**（聞き手＝朴才暎）

〈対談〉**ちがう・かかわる・かわる**　「こらーる岡山」の実践から　**大田堯＋山本昌知**

●創業25周年に想う

石牟礼道子／川勝平太／高銀／エマニュエル・ル＝ロワ＝ラデュリ／アラン・コルバン／ミシェル・ペロー／ロベール・ボワイエ／ダニー・ラフェリエール／ブルース・アレン／小倉和夫／青山佾／黒田杏子／坂本直充／加藤タケ子／山田鋭夫

連載

〈ナダール——時代を「写した」男〉8（最終回）　**名士たちの饗宴** ……… **石井洋二郎**

〈伝承学素描〉37（最終回）　**戊辰戦争の長き影** ………………………………**能澤壽彦**

金子兜太の句　「**日常**」　　**石牟礼道子**の句　「**花びらの吐息**」

●学芸総合誌・季刊『環』総目次　0〜60号（2000.1〜2015.1）

資本主義五百年史を描いた名著、待望の増補決定版刊行！

二十一世紀の資本主義の行方

――名著『資本主義の世界史』の増補新版刊行に寄せて――

ミシェル・ボー
勝俣誠 訳

資本主義五百年史を描く

たった一巻で資本主義の歴史が紹介される！

一九八〇年筆者がこの歴史を執筆した時、まさにこれこそ本書の目的であった。すなわち人間諸社会の長い歴史を根底的に画した数世紀にわたる一つの現象たる資本主義とその諸発展に、一つの全体像を与えることだ。

筆者が本書を書いた時、四十五歳であった。ただ一冊の本で、かくも広い題材を扱うという大胆さが筆者には必要であった。実際これは、筆者が版を重ねる中で説明しようとしてきた絶えざる変化にさらされる題材であった。二〇年後の二〇〇〇年、フランス語の第五版のために手を加えた時、筆者は初版のテキストを充分に距離をとって読み直すという作業をあえて行った。この作業によって章を重ねて読者に相違点、ニュアンスあるいは確信などの筆者の反応を伝えることができたのである。そして三〇年後の二〇一〇年のフランス語第六版では、筆者は進行中の変化の骨組みを明らかにするように努めた。

本書は筆者の教育と研究および世界についての考察に深く根ざしたものであるが、明らかにすべての側面を余すことなく扱っているわけでなく、またすべての問題を扱っているわけでもない。多くの点において、本書は示唆し、粗描し、展望づける作業にとどまっている。

しかしながら筆者は、とりわけ日本の読者の寛容さをお願いしたい。日本、さらにより広くアジアについて筆者が記した内容は明らかに不充分である。とりわけ世界の歴史、したがって資本主義の歴史が形成され、書かれて行くのはますますアジアにおいてであるから、なおさらのことであろう。この広大で強大な世界の一地域の諸社会、諸文化、政治の諸現実、経済の諸形態の歴史についての必要な知識を得るには、多くの年月が筆者にとって必要であったろう……。

二十一世紀の資本主義

二〇一〇年代に入ってはっきりとしてきたことは、資本主義の発展・危機・変容——およびこれらが諸社会、国々および世界全体に及ぼす変化——が、これからの三分の一世紀を大きく方向づけていくことである。したがって、今必要なのは、これからいったい何が起ころうとしているのか、じっくりと時間をかけて思考することである。実際、われら人類は、

▲M・ボー（1935-　）

記憶、判断及び決定力、知識、行動、変革および破壊面での強力な手段といったものを備えており、巨大な責任を負っているのだ。

このことは、われわれが今日、ますます多くの情報を手にしているだけになおさらである。

危機と経済成長、換言すれば資本主義の力学は、世界を根本から転換しつつある。第二次世界大戦後、これらの現象は、主として先進工業国（とりわけ北米、西ヨーロッパ及びアジア諸国）での出来事であった。

一九八〇年代末以降、最も高い成長を遂げているのは、「新興国」と呼ばれる南米やアフリカ大陸の諸国とアジアの大国である。すなわち、新しい経済・金融大国が台頭してくる一方、他方では、前世代の経済・金融大国が、旧来の生産及びテクノロジー構造によって身動き出来なくなっていく構造である。そうした国々の金融機関は、将来の革新と創造によってよりも、むしろ投機と収奪を通じて富を蓄積していく。

したがって、現在進行しているのは、地経済学的《ゲオエコノミック》、地政学的《ゲオポリティクス》な構造の変容である。

環境悪化への脅威

同時に、一九五〇年代来、環境への脅威は一層拡大している。一九八〇年代以来、人間の活動は大地と生きとし生けるものの、すなわち、地球の生命系の再生産能力を超える収奪・環境破壊及び廃棄を生んでいる。そして、今世紀初めから、これらの荒廃は止まるどころか拡大の一途をたどっている。

耕地、淡水、飲料水、魚介類、他の生物、

気候、オゾン層、海洋、すべてがその被害を受けている。われわれの地球の豊かさ、美しさ、個性を形成している不可欠かつ脆弱な均衡が危機にさらされている。

人類史上初めて人類の活動が地球全体を危機に追いやり、数百万あるいは数十億の人々が、土地や資源を奪われ、貧困に陥り、生活の根を奪われた一〇億以上の人々がスラムでその日暮らしを強いられている。一〇億以上の人々が飲料水へのアクセスがなく、かつ栄養不足となっている。もし、大胆かつ持続的な政策が講じられないなら、これらの数は来たるべき数十年のうちに倍増することになろう。

科学と技術の結合

そのうえ、われわれは前回よりもさらに強力な、新たな「産業革命」期に突入している。なぜなら、この新しい革命は、超大企業の選択と戦略によってますます支配されるようになった科学の変化と結びついているからだ。

こうした科学と技術の進行は、地球の生命系の存続を確保し、尊厳ある生活条件を全人類に保障するという同時代の緊急優先課題に応えることを一義的目的としていない。これらの技術進歩の目的は、これらの企業が最も重視する、購買力のある社会層や階級のための新商品を開発することなのだ。

要するに、われわれは今や例外的かつ決定的な時代、すなわち世界の大反転へと突入したのだ。この現行の大きなうねりは、最悪の事態へと向かっているのだ。

二〇〇〇年代に入って、経済・金融危機が相次いで生じてきた。さらに二〇一〇年代に入ってもこの動きは、老資本主義諸国ではより長びき、新興諸国ではより粗暴な形となって生じるであろう。

かつてないほど不平等な人類社会

われわれは工業・農業や都市での汚染、エネルギー災害（炭化水素と核エネルギー）、基本的資源（水、土地、森、魚）の枯渇、地球規模の脅威（気候、オゾン層、海洋）、飢餓、その他諸々の人的災害に直面している。当然ながら、これらの各分野に対して原因を突き止め、適切な対応を見つけていかなければならない。しかし、そこで忘れてはならないのは、われわれは進行中の大変容とそれから生まれる事態に対して責任を負っているということである。

人類はかつてないほど不平等となっている。自国の問題と指針を失った人類諸社会のさなかで身動きできなくなった国家を通じて、人類は今や根本的選択を迫られている。たとえば、常に更新され、絶えず増加し続ける消費に基づいた社会モデルを、われわれはいつまでも維持できるのだろうか。

このモデルは、一〇億から一五億の消費者を通じて、絶えず不満、不安そしてしばしば悲惨さを生みながら、地球の荒廃をすでに引き起こしてきた元凶である。節度、慎ましさ、非破壊的生産技術の発明に基づいたモデルこそ、登場させなければならないのではないか？　貧困国、新興国そして旧来の富裕国は、新しい人類の創出を促進するようなこの新モデルをともに探るべきではないか？

なぜなら、われわれはきわめて重大な地政学的、戦略的選択を迫られているからだ。数千年来、われわれの歴史は、略奪、戦争、征服、帝国や他の多くの支配の体系によって彩られてきた。

荒廃した七〇億人あるいは九〇億人の人口に加え、必要資源の先細りによって、紛争の火種は増加の一途をたどり、激化していく。そして、平和の実現のために二十世紀後半に登場した、核抑止力に立脚した政治的手法が充分とは思われない。

平和の再構築に向けて

現在の世界化された世界にあって、地域間、国際間、大陸間の新たな協力システムに基づいた平和を再構築する大胆な規模のイニシアティブを、今こそ打ち出す時ではないか？

主要国のリーダーと主要な国際機関は、世界の大地域と主要な歴史的文明の代表とともに、「地球危機宣言」を打ち出すべきだ。生きとし生けるものと糧なき人々を守るための必要な手段をとるべきだ。そして、すべての国、科学者、他の知の保持者、企業、生産者全体、すなわちより公正でより安心でき、より人間的な、一言で言えば、より善い世界の基礎を打ち立てるために、すべての人類が行動をとるよう呼びかけるべきだ。

二〇一三年六月　ボヴァルにて

(構成・編集部)

ミシェル・ボー (Michel Beaud)　パリ大学名誉教授。一九三五年生。パリ政治学院で法学と政治学、ついで経済学を修める。世界経済と地球環境や労働関係にまで多彩で精力的な社会活動を展開。本書は一九八〇年の原書初版刊行以来、改訂を加えながら版を重ねているロングセラー。

増補新版
資本主義の世界史 1500-2010
ミシェル・ボー／筆宝康之・勝俣誠訳
A5上製　五六八頁　五八〇〇円

幻の句集『天』を含む、半世紀にわたる全句を収録！

石牟礼道子全句集　泣きなが原

一行の力

黒田杏子

句集『天』には好きな句がいくつもあります。どの句にも奥行と拡がりがあって、歳月が経つほどにこの句集の魅力は増すばかりです。

私個人にとっては、

祈るべき天とおもえど天の病む

さくらさくらわが不知火はひかり凪

この二句がとりわけ心に沁みます。どちらも時空を経て、いよいよ石牟礼道子という人の俳句。他の人には詠めない作品という独自の存在感を強めてきています。

「祈るべき」の句については、穴井先生の「句集縁起」にもくわしく記されています。

私は、「ひかり凪」の句の力に年を重ねるほどに圧倒され、「気」を授けられています。

「さくらさくら」と詠《うた》いだすやさしさ。慈愛の深さ。「わが不知火は」と置かれた中七の存在感。人はみなそれぞれにふるさと・産土《うぶすな》の地・原郷を持っています。しかし、石牟礼道子という詩人は、作家は、いやこの行動的思索者が、「わが不知火は」と書いたとき、そこにこめられた言霊の勁《つよ》さはどんな俳人も及ばないものです。そして座五の「ひかり凪」。歳月にさらされてこれ以上の絶唱はないと思われます。

ところで、この全句集のタイトル、「泣きなが原」を詠まれた句が〈水村紀行〉の章に収められています。二〇一四年春の句です。

おもかげや泣きなが原の夕茜

「泣きなが原」は、石牟礼さんがこの世でいちばん好きな地名であり、かの「祈るべき天とおもえど天の病む」の句もここで詠まれた、という文章を読んだ記憶があります。

（構成・編集部）

句集縁起

穴井 太

一九七三年（昭和四十八年）八月一日、夕餉の折、なにげなく新聞の学芸欄をのぞくと、

祈るべき天とおもえど天の病む

▲石牟礼道子（1927-　）

メーンカットで俳句が据えられているではないか。石牟礼さんは天籟塾の縁で、とうとう俳句を書きだした、と思った。見出しは「深い孤独だけを道づれに――水俣・不知火の海の犠牲者たち・時経て生者の中によみがえる」とあった。

原稿は約八枚に及ぶもので、水俣病犠牲者たちの、くらやみに棄て去られた魂への鎮魂の文章であった。〈地中海のほとりが、ギリシャ古代国家の遺跡であるのと相似て、水俣・不知火の海と空は、現代国家の滅亡の端緒の地として、紺碧の色をいよいよ深くする。たぶんそして、地中海よりは、不知火・有明のほとりは、よりやさしくかれんなたたずまいにちがいない。〉

さらに〈そのような意味で、知られなかった東洋の僻村の不知火・有明の海と空の青さをいまこのときに見出して、霊感のおののきを感じるひとびとは、空とか海とか歴史とか、神々などというものは、どこにでもこのようにして、ついいましがたまで在ったのだということに気付くにちがいない。〉と書いていた。

〈神々などというものは――ついいましがたまで在った――〉という石牟礼道子さんの想いの果てが、やがて断念という万斛の想いを秘めながら、

祈るべき天とおもえど天の病む

へ結晶していった。

（構成・編集部）

67人の縁ある方々が、時代と切り結んだ名ジャーナリストの世界を綴る。

粕谷さんのご恩

――『名伯楽　粕谷一希の世界』刊行に寄せて――

あの時の粕谷さんへのご恩を忘れることができない。一九九〇年一月三一日。大雪の夜。小社の創立の門出を都心の某ホテルで行なった。その時に粕谷さんの姿を見かけた。こっそりひっそりとお一人で立っておられた。その時の模様を翌月の雑誌『選択』の一頁コラムで書いていただいた。

その二年前、不幸なことに春から刊行を予定していた『清水幾太郎著作集』(全十一巻)が、ご家族の意向で突然中止になった。その第一回配本の月報に、粕谷さんのお原稿を戴いていた。その縁しかない。粕谷さんは、都心で三〇センチも大雪が積もる中、藤原書店立ち上げの会に、その時の縁だけで、わざわざ出向いていただいたのである。恐らくご自身もその数年前に都市出版を創られた思いから、一人の未熟な若者の旅立ちを祝ってくれたのだと思う。

二つ目は、後藤新平という人物を、世にどう問うかを考えていた時にお会いした。後藤新平という名を出すと、粕谷さんは即座に、「いいねえ、キミはいいとこに目をつけたね」とご協力を惜しまれなかった。自分に出きることならと、政界、財界、官界の錚々たる人をご紹介戴き、何人かの人とは直接ご一緒に訪問して下さった。

二〇〇四年一一月、「後藤新平の全仕事」の出版の第一弾が始まった。東大の安田講堂でその出版を記念する会を行ない、翌年に「後藤新平の会」を立ち上げた。又、その翌年には「後藤新平賞」も作った。それらすべて粕谷さんの暖かいご支援の下に実現した。

昨年は、長年構想していた粕谷一希の世界を、開米潤、新保祐司両氏の協力の下、『粕谷一希随想集』(全三巻)として出版することができた。第I巻が、亡くなられる直前に間に合った。ベッドの上で、出き上がったばかりの本を撫でておられたあの粕谷さんの姿を今も忘れることができない。粕谷さん、本当にありがとうございました。

藤原良雄

粕谷一希さんの言葉から——

文章はどんな場合でも、単なる研究として客観的なものにはならない。その行間から、あるいは余白から多くの言葉を語りかける。

その総体が人間の精神であり、思想なのである。武田泰淳は同時代の京都学派の〝世界史的立場〟を横目で見ながら皮肉っている。現代人が古典の前に立ったとき、いかに軽いものであるか。人類の古典が語る〝歴史意識〟の奥の深さを身を以て実感したのであろう。

こうした態度を見据えるとき、われわれは大学での学問研究、外国研究がいかに〝精神の格闘〟を置きざりにしているかを思い知らされる。外国研究が往々にして知識の多寡の競争に陥っていることは日常接することである。文章とは知識で書くものなのか。文章の情感、レトリックが改めて問われる。

▲粕谷一希氏（1930-2014）

文章とは主観・客観、主体と客体、主体同士の複雑微妙な関係の投影である。人間精神の緊張と昂揚、リズムと流れは驚きと偶然から生まれる。それは個人の営みを超える、この世の不可思議そのものなのだろう。

（『生きる言葉』より）

環境対策と経済成長は両立しうるか？　制度・進化の経済分析から探る。

グリーン成長は可能か？

大熊一寛

制度と進化の経済学から

人類の経済活動は、産業革命以降、急速な成長を続けてきた。その結果、地球の有限性が明らかになり、持続可能性の危機が指摘されるようになって久しいが、有効な対策は実現していない。そして今、気候変動が自然災害の激化を伴って顕在化する一方、経済成長を求める力もグローバルな資本主義の下で一層強まっている。

私たちの未来はどうなるのだろうか？地球環境の破局は避けられるのだろうか？　経済はこのまま成長を続けられるのだろうか？　環境対策によって経済を成長させる「グリーン成長」という考え方も生まれているが、それは果たして可能なのだろうか？

本書はこのテーマに、制度と進化の経済学に基づく独自のアプローチで接近し、理論と実証の両面から分析を行うことによって、新たな認識と展望を求めていく。

その根底には、経済と環境の関係を、どちらか一方のロジックによって理解するのではなく、互いに影響しあいながら歴史の中で進化していくものとして理解する必要がある、という問題意識がある。

経済成長と環境対策をめぐる思考の分断をこえて

近年、異常気象は世界的に日常のこととなり、日本でも観測史上例のない高温や豪雨が頻発している。世界の森林や生物の種の減少にも歯止めがかかっていない。地球環境の危機を訴える科学者の警鐘は厳しさを増しており、今日の経済活動が持続可能ではないことは既に明らかだ。私たちの未来はどうなるのかという不安が、行く手に立ちこめる暗雲のように広がってきている。

一方で、世界の中心的な関心事は、引き続き経済成長である。投資マネーは利潤の機会を求め世界を瞬時に移動している。成長率のわずかな変化と株価の動向に、経済界はもとより政治家や市民もが一喜一憂し、選挙や外交といった政治的なニュースすら、それがマーケットにどう影響するかといった文脈で報じられている。

これらは、いずれも私たちが目にしている現実である。互いに矛盾をはらんでいるように見えるが、ほとんどの場合、関連付けられることなく独立して存在している。

どちらか一方の視点から世界を見ることもできる。例えば、いつか革新的な技術が開発されれば環境問題は解決されると考えて、経済成長を追求し続けることもできるし、逆に、地球環境は人類の生存基盤であるとの考えに立って、地球生態系の収容力の中で経済活動を行うための技術や対策のあるべき姿を論じることもできる。実際、経済と環境をめぐって私たちが目にする言説のほとんどは、これらのどちらかに属している。

しかし、前者については、これまで経済成長と技術進歩に伴って地球環境が悪化してきたのに、今後はこれらによって解決されるのだと言われても、はたして信じられるだろうか。後者については、これほど経済成長が追求されている現実があるのに、それを脇に置いて理想的な対策を描いてみても、実現できるのかという疑問は避けられない。

未来への展望を誠実に探そうとするならば、私たちは、「地球生態系の危機」と「経済成長の追求」という二つの現実を前に、一方から目をそらすのではなく両方を同時に見据えて、経済と環境の関係を根本から問い直す必要に迫られる。

二〇〇八年の世界経済危機の後、環境対策によって経済を成長させようという「グリーン成長」や「グリーン・ニューディール」という理念が生まれてきた。各国や国際機関で議論され、経済と環境を両立させる理念として国際的に脚光を浴びてきた。経済が落ち着きを取り戻し、提唱者だったオバマ政権の勢いも弱まる中、後景に退きつつあるようにも見えるが、分断されている経済成長と環境対策の議論を橋渡しする理念として、貴重なヒントを提供してくれている。「グリーン成長」ははたして可能なのだろうか。それはどのようにして、どの程度まで可能なのだろうか。その可能性と限界を理論的に明らかにすることが、本書の一つの焦点となる。

（おおくま・かずひろ／環境省総合環境政策局）

グリーン成長は可能か？
経済成長と環境対策の制度・進化経済分析
大熊一寛
A5上製　一六八頁　二八〇〇円

リレー連載　近代日本を作った100人　14

浅野総一郎——驚異的スピードの近代化

新田純子

浅野総一郎と日本の近代化

明治維新から昭和初期までの近代化に尽くした政治家、実業家たちは実に多彩である。浅野総一郎はその代表的一人で、セメントをはじめガス、石炭、炭坑、石油、築港、鉄道、造船、外航、埋立、発電と業績を挙げげれば切りがない。しかし、今回は、「浅野が存在したことにより、日本はどのような近代化をなしとげたか」を考えたい。そのことで、彼の存在意義を再発見できると信じる。

インドや中国などは、近代化とともに大きな格差が生じているが、日本の場合、ごく最近まで、「一億総中流」と云われるように、国民のほとんどが中流意識を持って生活してきた。要は、貧富の差は諸外国に比較すれば少ない。このような特徴は他国には少なく、それはおおいに浅野総一郎という個人のパーソナリティーに負っている、と私は分析している。

実は、官営工場の民営化一号が民間人、浅野へのセメント工場の払い下げであった。浅野は朝四時から起きて身を粉にして働き、その目からは、官営事業で働く役人は遊んでいるようにしか映らず、「いつまでも赤字であるのは理解出来ない。私ならば、きっとたちまち黒字にしてみせる」と、渋沢栄一に熱心に訴えたのだ。

企業経営が家族主義の延長線上にあったことも特徴で、社員たちは一丸となり戦い、他社や外国と競争となれば、張り切った。浅野の事業は後に浅野コンツェルンと呼ばれるまでに発展・拡大する。

浅野は人を信じ、技術者を信じ、彼らに果敢に未知に挑戦させ、その為にはかなりの金を使った。浅野が動かす資金は国家的規模に及ぶことも多かったが、しかし、浅野自身は、あまり「富裕者」との感覚は持たず、常に「働く者と一緒」「現場主義」であったことは、「貧富の格差の少ない社会の形成」と関連し、日本に多くの中間層を生んだことであろう。これらの特性は近年のグローバル化により急速に失われているが、そのことを意識し、労働的幸福感というものを再構築することを考える機会にしたい。

「負けず嫌い」と「工夫力」

日本近代化の二つ目の特徴は、「驚異的なスピード」である。それは、浅野の人並み外れた「負けず嫌い」と「工夫力」も影響していると感じている。

浅野総一郎は世界最先端の技術を積極的に取り入れ、そこに必ず工夫を加え、常に「日本で一番」、時には「世界で一番」を目指し続けた。例えば、外国航路に参入し、はじめて日本国籍の船を横浜―サンフランシスコ間に走らせ、豪華客船天洋丸を国産で建造した。「原油で船舶を動かそうとした」のは、浅野が世界的にも最も早く、外国から原油をタンカーで運び、日本で精製する計画に挑戦した。また、当初は内海を走る船しか作れなかった日本だが、一万トン級の船舶の大量生産に果敢に取り組んだのは浅野造船所であった。そして、日本はいつの間にか世界トップの造船国となった。

埋立や築港に関しても現代の日本の技術は世界的にも定評がある。これらのことが実現出来たのは、リーダー自らが現場主義に徹していたことが大きく貢献している。現場にこそ、工夫のための気づきが詰まっている。この「独自の工夫力」が加わることで、日本の「ものつくり」は世界に誇れるまでに進歩している。

その後も、沖電気社長、京浜工業地帯の父、浅野学園創設、舗装事業、佐久発電所と小牧ダム完成と、一人の仕事とは信じられない仕事量だが、その流れを汲む企業が今日も存在し続けていることは驚きである。但し、利益率の高い事業は他からの金融支配が強く働いている。

「ものつくり日本」「先進国日本」の基本に早急に取り組んだ浅野が、近代日本に貢献した意義ははかりしれない。

（にった・じゅんこ／作家）

▲浅野総一郎（1848-1930）

越中生まれ。6歳で医家の養子となるが、コレラ患者に驚愕し、実家に逃げ帰る。14歳で少年事業家をめざすも、挫折。19歳で庄屋の婿となり、企画した産物会社が失敗し離縁。明治4年に上京。「水売り」にはじまり、竹の皮屋、薪炭、石炭商を営む。横浜ガス局の廃棄物.コークスに着目。官営深川セメント工場に売り込み、巨利を得る。渋沢栄一の応援もあり、1881年に同工場の賃下げ、83年に払い下げを受け、国の方針のもとセメント事業は拡大。98年、渋沢、徳川、安田よりの出資計30万を加え、80万円の合資会社、1912年株式会社となる。その間、造船、石油、海運、石炭、築港、埋立、電力界にも進出し、浅野財閥を築いた。

連載　今、世界は（第Ⅱ期）2

「おもてなし」の盲点

小倉和夫

二〇二〇年東京五輪大会や外国人観光客誘致などに関連して、日本特有の「おもてなし」精神なり慣習を重視する発言が良く聞かれる。

外国人観光客への親切心や心遣いは、日本人の国際理解の増進にもつながるだろうから結構なことだ。

しかし、「おもてなし」はあくまでお客への態度だ。いいかえれば、そこでは、客をもてなす方ともてなされる客との間には、ある種の断絶がある。双方が同じ次元の精神的空間に属しているとはいえない何かがただよっている。人をお客扱いするということは、実はお客を自分たちと同じ次元に入れないことを暗示している。日本人が「おもてなし」を重視するのは、いいかえれば、自分の領域に他人を入れないこと、内と外との微妙な区別を前提としているともいえる。

観光旅行でも、フランスあたりでは、いわゆる観光ツアーではなく、生きた村や町のありのままの「生活文化」を体験する旅行プランが売りだされたりしている。そこでは、もてなす方ともてなされる方との間の壁が、かなりの程度とりはらわれる。日本の民宿なども、所によっては「おもてなし」より「一緒に」の精神が強いだろう。

外国人をとかく特別扱いしがちな日本で、「おもてなし」を強調することに潜む日本的独りよがりは、「おもてなし」の盲点の一つではないか。

もう一つの盲点は、形と心にまつわるものだ。

よく、真のおもてなしは、礼儀作法や奇麗な形ではなく、温かい心だという人がいる。一見もっともな議論だ。しかし、おもてなし精神が個人の領域をはなれて社会的規範の一部となり、その精神が浸透するためには、それが、一定の「形式」に集約され、その「形式」が、伝播・伝承されなければならない。心こそ大事だというが、そのために形は問わぬということになっても困るのである。ここにも、一つの盲点が潜んでいる。

（おぐら・かずお／前国際交流基金理事長）

〈連載〉生きているを見つめ、生きるを考える ❷

「自然を見なさい」と語るムシ

中村桂子

生命科学は、実験室の中でのモデル生物の研究を中心に進められてきた。もちろんこの研究は重要だが、「生きている」を知るには自然の中にいる身近な生きものに眼を向ける必要がある。生命誌研究館開始時に考えたことである。

岡田節人（初代館長）と大沢省三（初代顧問）という元昆虫少年の一流学者が相談相手という恵まれたスタートであり、大沢顧問を中心とする研究グループができた。

選んだのは甲虫の一種オサムシ。翅が輝いておりヨーロッパでは「歩く宝石」と呼ばれる。日本には黒い仲間が多く残念だが、愛好家は多い。DNAによる系統解析で興味深いことがわかった。マイマイカブリという種が四つの系統に分かれ、北海道と東北地方北部、東北地方南部、関東から東海・北陸地方、近畿・中国・四国・九州ときれいに棲み分けているのである。

オサムシは飛べないので、同じ仲間でまとまっているのはわかる。ただ、四つの棲息地の境目があまりにも明確なのが気になった。なぜここで分かれたのかと思いながら分布図を発表したところ、古地磁気の測定によって日本列島形成史を調べている地球科学者から連絡があった。

日本列島は、地殻変動で一五〇〇万年前にアジア大陸の一部（現在の中国）が離れたものだ。その後、いくつかの島に分離し、また一緒になるという動きを続ける中、七五〇万年ほど前には大きく四つの島に分かれたのである。一方、DNA系統図は日本のオサムシの起源が一五〇〇万年前であり、四つに分かれたのが七五〇万年前と教えてくれる。生物学者と地球科学者はこの一致に驚いた。地面を這う小さなムシが日本列島形成史を語っているというのだから。

でも考えてみれば、オサムシはずっと地面の上にいたのに、研究者がムシと地面を分けて調べていただけのことである。「自然を見なさい」とムシに教えられた。

近年、地球と生きものの動きを共に見る研究が盛んになり、アフリカから始まった人類の動きも詳細に解明されている。

（なかむら・けいこ／JT生命誌研究館館長）

連載　ちょっとひと休み 26

朗読ミュージカルの生い立ち（7）

山崎陽子

朗読ミュージカルを書きつづけて二十五年、上演作品は丁度六十作になった。声高に主義主張を叫ぶでもなく、どこにでも在るようなささやかな幸せや喜び哀しみをとりあげ、最後は、ほとんどがハッピーエンドで幕を閉じる。

　初期の頃、「甘い甘い抒情詩だ」とか「たまにはドロドロした情念の世界でも描いてみたら」などと言われたこともあるが、かたくなに自分流の世界で書き続けてきた。これでいいのだろうかと不安になるとき、勇気を与えて下さったのは、お客様のアンケートの言葉だった。

　「世の中、悲しみや辛さ、苦しみに満ちているから、朗読ミュージカルを観るたびに、ほのぼのとした幸せにつつまれます」「いつのまにか心が浄化されていくような気がします」「観終わって、そっと涙を拭って立ち上がると周囲の誰もが優しく見えて、誰彼の区別なく握手したい気分になった」「登場人物に自分を重ね、思いきり笑ったり泣いたり。胸がふるえるような感動をありがとう！」

　六十作のうち、原作があって脚色したものが十四作、自作の絵本を脚色したものが十一作、オリジナルの物語が三十五作である。

　当初は、脚色することは全く考えていなかったのだが、たまたま、森田克子さんのリサイタルのために、小さな空間で演じるものをと言われたとき、ふと思いついたのがオー・ヘンリーの『善女のパン』だった。小川寛興氏の作曲に、森田さんの歌唱と語りで、想像をはるかに超えた傑作が誕生した。やつぎばやにオー・ヘンリーで四作を脚色、朗読ミュージカルは順調にすべりだした。

　平成十三年度文化庁芸術祭で思いもかけぬ大賞を受賞したことではずみがついて、出演希望者が相次ぐようになった。年々需要は増えるばかりだが、こちらのアタマの回転は次第に減速しているようで、時折心細くもなるが、周囲をみまわせば、いくらでも題材は転がっている。一枚の広告、新聞の身の上相談や投書欄、電車の中で見かけた老夫婦……まだまだ種は尽きそうもない。これからも書き続けていきたいと思っている。

（やまざき・ようこ／童話作家）

連載　女性雑誌を読む　85

加藤みどり（二）
――『女の世界』39

尾形明子

一九一八（大正七）年、『女の世界』四巻三号に、安成二郎が「新しい女非結婚論」を載せる。「新しい女」の名称も、そう呼ばれた女性たちも「甚だ古く」なって、今や「明治大正の文学者たる範囲内に安置」しているだけという。そして彼女たちが「歩みを止めてしまった」原因は「結婚」だと言い切る。

『青鞜』の時代、女性たちは家長が支配する家から脱出して作家を目指した。男と対等な女として恋もする。が、夫となった男は、新たな家長として妻を支配した。妻の心に棘や疑問は残り、〈男女相克〉が女性作家のメイン・テーマとなった。作品の多くは情緒に流され、愛情という名のあきらめが出口ないままに渦巻いて終る。

『女の世界』の女性作家も、たいがいは安成の指摘する通りだったが、今につながる作品も書かれた。中でも加藤みどりの「雨」（四巻一二号）は、ずば抜けた迫力と力量で他を圧倒する。

新聞社に勤める久子は、昼近くに出社し、午後から訪問記事を取りに行き、それらをまとめて夕方遅くに帰宅する。極暑が続くのに雨の予感さえない。すでに夫と子どもは食事を終えて散歩に出ていた。風呂に入りひとり食卓に向かうが、「第一義の生活」への思いが消えない。彼女にとってそれは小説を書くことだった。そのために故郷も親も捨てたのだ。

蚊帳の中に机を入れて睡魔に襲われながらも書き続ける。夫はすでに仕事を辞めて作家の道を歩いていた。子どもが怪我をしたり、祖父の危篤の報に、夫が九州に飛び立ったり、と日常は揺れ動くが「努力、努力――それより他に自分の生きる道はない」と久子は思う。

ようやく待ち望んでいた台風が来る。久子はその巨大なエネルギーに飛び込みたいような興奮に駆られる。生活に追われながらも芸術を求め、炎天の日々を過ごす若い女性があざやかに浮かぶ。

加藤みどりは、一八八八（明治二十一）年八月、信州の医者の家に生れた。幼くして母親と死別し小学校を卒業後上京。学校に通う弟妹の面倒を見ながら小間物店を営み、同時に作家を志して徳田秋声に師事した。

（おがた・あきこ／近代日本文学研究家）

Le Monde

■連載・『ル・モンド』紙から世界を読む　146

（罰として）尻をたたくこと

加藤晴久

フランス語の gifle［ジッフル］にはすぐ「ビンタ」という日本語をあてることができる。この行為は日本の軍隊で猛威をふるったし、いまでも部活などで横行しているからだ。fesse［フェス］は「尻」。これから派生した fessée［フェセ］は日本語で一語にならない。仏和辞書は「(罰として) 尻をたたくこと」と説明している。子どもをうつむけに膝の上に乗せて（ときには尻を丸出しにして）尻をたたくお仕置きである。

四七カ国が加盟する欧州評議会は一九四七年設立。人権の擁護に力を注ぎ、フランス・ストラスブールに欧州人権裁判所を置いている。三月四日、この機関が、フランスも批准している欧州社会的権利憲章第一七条が「児童・少年少女を放任・暴力・搾取から保護する義務」を定めているのに、「体罰を十分に明白かつ強制的かつ精細に禁止する法的整備」を怠っていると指弾した。

この種の問題では模範的なスウェーデン（一九七九年）に始まり、フィンランド（一九八三年）、ノルウェー（一九八七年）、オーストリア（一九八九年）、デンマーク（一九九七年）、ドイツ（二〇〇〇年）と続き、今では加盟四七カ国のうち二七カ国が体罰を法律で禁じている。世界では四四カ国。軍隊、学校のみか家庭においても。

フランスでは軍隊、学校では禁止だが、親の懲罰権は認められている。これが問題とされた。フランスのみならず、アメリカなどの児童精神医、児童心理学者らの研究によって、体罰には教育的効果はないこと、体罰を受けた子どもは攻撃性を増し、大人になって自分も体罰を加えるようになることが証明されている。

ところが世論調査ではフランス人の大人の八〇%が体罰禁止に反対。親の権威が失われる、個人生活に介入するな、という理由である。

「他人や自分の妻を殴れば、いや動物を殴っても罰せられる。子どもは別なのか」「フランスでは子どもは権利の主体と見なされていない。親の持ち物視されている」と禁止派は慨嘆している（『ル・モンド』三月一四日付＋電子版）。

（かとう・はるひさ／東京大学名誉教授）

■〈連載〉生命の不思議　14

多細胞生物への前おき

大沢文夫

これまでは一個の細胞が一匹の生きものである、すなわち単細胞生物について話してきたが、これから多細胞生物をとり上げたい。一個の細胞から出発して細胞分裂によって細胞の数をふやす。それをいくつかの群にわけ、それぞれの群にちがった機能を分担させる。それらの群をまとめて、一つの組織として活動する、それが一匹の多細胞生物である。

逆に単細胞生物は、多くの種類の機能をもつ仕掛けそれぞれを一個の細胞の中に収めているのである。ゾウリムシはもっとも高等な単細胞生物である。まず運動機能をもつ。それはせん毛（オール）が分担する。種々の感覚機能をもつ。せん毛は触覚の役目もする。温度感覚をもつ。温覚は細胞の前部に、冷覚は細胞の後部に集中している。これらの感覚は温度の変化に特に敏感である。その情報は直ちに細胞全体に伝わる。細胞全体が神経細胞のような役目をする。えさであるバクテリアへ集まってくるので味覚（化学感覚）ももつはずであるが、そのありかはわかっていない。

ゾウリムシは一匹が一細胞であるが、それをガラス板の上に固定してメスで中央で押し切って二個にすることができる。押し切るので切り口で膜が再びくっついて二つの細胞に分離することができる。双方とも自由に泳いでいる。

以前、泳いでいるゾウリムシに直流電圧をかけると、マイナス極へ集まる話をした。そこで、この二個に切り離したゾウリムシに同様に電圧をかけた。前半分のゾウリムシはやはりマイナス極へ来るが、わかれた後半分のゾウリムシはプラス極へ来た。両方とも元気に泳ぎながら。

前半分は電場の中でマイナスの方へ行こうという意志をもつが、後半分は実はプラスの方へいく意志をもっていた。それらを合体すると後半分は前半分の意志に従うことにした。想像にすぎないが、多細胞生物一般に同様のことがあるのではないか。一匹の多細胞生物の各部分はそれぞれ自らの意志をもつが、それらが集合した一つの組織となると、部分の意志が統合されて一つになる。高等動物では通常それが脳のもつ意志である。しかし部分の意志を無視してはならない。

（おおさわ・ふみお／名古屋大学・大阪大学名誉教授）

四月新刊

〝海からの使者〟の遺言

未来世代の権利

地球倫理の先覚者、J－Y・クストー

服部英二 編著

代表作『沈黙の世界』などで、〝海〟の驚異を映像を通じて初めて人類に伝えた、ジャック＝イヴ・クストー(1910-1997)。「生物多様性」と同様、「文化の多様性」が人類に不可欠と看破したクストーが最期まで訴え続けた「未来世代の権利」とは何か。世界的海洋学者・映像作家クストーの全体像を初紹介！

四六上製　三六八頁　三二〇〇円

現代政治の〝スフィンクス〟プーチンの実像を解明！

プーチン

人間的考察

木村 汎

プーチンとは何者なのか？　一体何を欲しているのか？
その出自や素姓、学歴や職歴、家族や友人、衣・食・住、財政状態、仕事のやり方や習慣、レジャーの過し方、趣味・嗜好、日常の会話や演説中で使うジョークや譬え話等々、可能な限り集めた資料やエピソードを再構成し、人間的側面から全体像を描き出す世界初の試み！

Ａ５上製　六二四頁　五五〇〇円

11言語に翻訳のベストセラー、決定版！

サルトル伝　㊤㊦　1905-1980

アニー・コーエン＝ソラル

石崎晴己訳

サルトルは、いかにして〝サルトル〟を生きたか？　社会、思想、歴史のすべてをその巨大な渦に巻き込み、自ら企てた〝サルトル〟を生ききった巨星、サルトル。〝全体〟であろうとしたその生きざまを、作品に深く喰い込んで描く畢生の大著が満を持して完訳。

四六上製　㊤五四四頁(口絵三二頁)　㊦六五六頁　各三六〇〇円

将来の〝大器〟たちへ！

老子に学ぶ

大器晩成とは何か

上野浩道

「『道』は『自ずから然り』を手本とする」「最上の善とは水のようなものである」。
老子の思想を象徴するものとして、大器晩成（大いなる容器はできあがるのがおそい）という言葉がある。
老子の思想の人間のあり方と人間形成の仕方についての大らかな視点に学び、教えること、学ぶこと、育てることの根源的意味を問いかける。

Ｂ６変上製　二二四頁　一八〇〇円

読者の声

野間宏後期短篇集　死体について■

▼『朝日』の書評欄で、張鑫鳳『旧満洲の真実』を読み、直ぐに書店に頼み購入しました。引揚げ者です。

野間宏さんとは面識があり、詩作について教えて頂いたことがありました。また何かお願い致したいと思っております。

（埼玉　**佐藤一夫**　84歳）

『機』三月号■

▼創業二五周年を迎えられたとのこと、誠におめでとうございます。年齢を重ねると、出会ってきた「人・もの・こと」が複雑に絡み合い出版物への興味がより増してきます。「出版随想」の最後の段、「この数千年の間に、人間によって蓄積された文化《カルチュア》は大変なものである。その集積の上に、われわれの生の営みがある。決して短兵急に今があるのではない。」——本当に心から共感できます！

最近、サルトルの新訳版が書店でよく見られます。没後三〇周年だけではない気がしますが……。

一九五六年、ハンガリーの労働者の民主化をタンクで押し潰したクレムリンの暴虐に対して、世界の知識人と言われる人の沈黙・または判断停止のなかで、弾劾文を出した数少ないひとり、サルトルの伝記、楽しみです。

（埼玉　**山川貫司**）

▼『機』二七六号、一気に読了。ご創業二五周年おめでとうございます。

今日の少数は必ずしも明日の多数とは限りませんが、明日の多数は今日は必ず少数とはいえると考えます。

その記念講演で高銀氏が言ったとされる「全ての可能性は不可能性の中で種がまかれる」とのことばに改めて強い感銘をうけました。そしてその高銀氏が、いわゆる「業」をなしとげた毛沢東が何をさておいて、まず出版人の「功」に謝辞を送ったとのエピソードは、現代を生きる私たちにも大きな教訓を与えるものだと思います。

（香川　**西東一夫**　79歳）

※みなさまのご感想・お便りをお待ちしています。お気軽に小社「読者の声」係まで、お送り下さい。掲載の方には粗品を進呈いたします。

書評日誌（三・五～四・一九）

㊔書評　紹 紹介　記 関連記事
TV 紹介、インタビュー

三・五　記 産経新聞「プーチン」（「正論」／「プーチンの『実像解明』に総力を」／木村汎）

三・八　書 しんぶん赤旗「闇より黒い光のうたを」（「危機の時代の私たちへの呼びかけ」／草野信子）

三・一六　書 現代ビジネス（ｗｅｂ）「日韓関係の争点」（「今週の東アジア推薦図書」／近藤大介）

三・一九　記 毎日新聞「後藤新平」（「余録」）

記 北海道新聞「古文書にみる榎本武揚」（「ひと２０１５」／「著作100冊になったノンフィクション作家」／相原秀起）

三・二五　書 しんぶん赤旗「闇より黒い光のうたを」（「詩壇」／「傷から発せられる言葉」／上手宰）

書 神奈川新聞「人類最後の日」（「照明灯」）

三・二六　記 新文化「対欧米外交の追憶」（「ジャンル別 週間ベス

トセラー」／「丸善丸の内本店 人文・ノンフィクション」）

三・二九 (書)京都民報「「古代学」とは何か」（「総合的学問への『道標』」／山田邦和）

四・一 (記)サイゾーpremium（ｗｅｂ）「「移民列島」ニッポン」（「東京に息づく異文化の食――足を運んで考える、日本の移民問題」／神田桂一）

四・四 (記)読売新聞［石牟礼道子］（「戦後70年 表現者からの伝言」／「水俣の患者たち皇居で『万歳』哀切の涙」／「魂の故郷の『くに』私たちは信じ生きるしか」／右田和孝）

(紹)週刊東洋経済「地中海」（「特集世界史&宗教」／「歴史観を鍛えるブックガイド『グローバルヒストリー』入門」／水島司）

(紹)週刊東洋経済「リオリエント」（「特集 世界史&宗教」／「歴史観を鍛えるブックガイド『グローバルヒストリー』入門」／水島司）

四・五 (記)朝日新聞「闇より黒い光のうたを」（「著者に会いたい」／「15人の『詩獣』の生をたどる」／白石明彦）

(記)毎日新聞［石牟礼道子］（「日曜カルチャー」／「不知火のほとりで 石牟礼道子の世界」／「妣たち」／「あてどなく累々と」／米本浩二）

四・一〇 (書)毎日新聞「「古代学」とは何か」（「くらしナビ カルチャー」／「上田正昭・京大名誉教授が新著『「古代学」とは何か』」／「東アジア史を見渡し、現代に通ず」／佐々木泰造）

四・一四 (記)読売新聞［後藤新平］（「編集手帳」）

四・一八 (書)図書新聞「ヨーロッパは中世に誕生したのか？」（「中世を『長い中世』として把握する視点」／「歴史のなかに『欧州連合』のあるべき姿を見出そうとする書物」／甚野尚志）

四・一九 (紹)東京新聞「闇より黒い光のうたを」

(書)毎日新聞「岡田英弘著作集Ⅵ 東アジア史の実像」（「モンゴル軸に世界を立体的に見る」／三浦雅士）

四月号 (紹)広報 甲斐「動物たちのおしゃべり」

(書)ＩＩＳＩＡマンスリー・レポート「対欧米外交の追憶」（「原田武夫の読書散歩」／「日本外交、その〝宿命〟と〝運命〟」／原田武夫）

(記)藍生［石牟礼道子］（「特集 石牟礼道子の宇宙」／「新たな石牟礼道子像を」／渡辺京二）

(記)藍生「花の億土へ」映画（「特集 石牟礼道子の宇宙」／「石牟礼道子さんとともに」／黒田杏子）

(記)藍生［石牟礼道子］（「特集 石牟礼道子の宇宙」／「石牟礼道子そして渡辺京二に導かれて」／黒田杏子）

(記)藍生［石牟礼道子］（「特集 石牟礼道子の宇宙」／「石牟礼道子の声に耳を傾ける時が来た」／藤原良雄）

(記)藍生［石牟礼道子］（「特集 石牟礼道子の宇宙」／「『水俣病を全部私たちが背負っていきます』」／石牟礼道子）

五月号 (紹)サライ「不滅の遠藤実」（「誰からも親しまれるメロディを５０００曲以上作り続けた不世出の作曲家」）

春号 (記)ふじのくに「環60号」（「『ふじのくに』から発信するふるさとの森づくり」／川勝平太＋宮脇昭）

(書)にじ「グリーンディール」（田中夏子）

詩という希望へ――気鋭の詩人による、詩論／詩人論の集成

『闇より黒い光のうたを』出版記念会

四月四日(土)　於・藤原書店　催合庵

本年一月の刊行後、ゆるやかに広がりつつある河津聖恵さんの『闇より黒い光のうたを――十五人の詩獣たち』。その出版を祝い、約二五名が集った。

冒頭、任炅娥《イム・キョンア》氏のチェロと鄭理耀《チョン・リヨ》氏のピアノによるA・ベルク「traumgekront（夢を冠に）」の調べが場内に流れ始め、会は静かに幕を開けた。

前半は河津さんが本書刊行についてコメント。本書に至る四年間の連載中にあった、朝鮮学校無償化除外問題への関わりと、東日本大震災及び原発事故に直面したことが、執筆中の歴史と現在とが共鳴し合うという意味で、執筆に大きく影響したと振り返った。

後半は来場者一人ひとりからの祝辞。詩人・歌人も多数参加し、チェロ・ピアノの伴奏で詩や散文作品の朗読も行われ、小さな会場内が言葉と音楽の生の力に満たされた。李英哲氏は、本書冒頭で論じられた尹東柱の「たやすく書かれた詩」と「序詩」をハングルと日本語で読み上げ、折しも歿七十年を迎えた尹東柱の、時代との格闘に、来場者は想いを馳せた。　（刈屋琢）

張鑫鳳（チャン・シンフォン）氏が、善悪を超え満洲を語る。

『旧満洲の真実』出版記念会

四月十一日(土)　於・藤原書店催合庵

昨年十二月に出版された張鑫鳳著『旧満洲の真実』は、赤坂真理氏によって「信じがたいほどに重いものを抱えながら生きていく人がいることに、読者は不思議と励まされ、慰められる。そのような深い作用を人に持つ本を、文学というのだと私は思う」と『朝日新聞』（二月二二日付）で絶賛書評され、たちまち増刷となったが、出版記念の合評会には十名程が集い、議論を交わした。

まず著者の張鑫鳳氏が、父母が新京（現長春）で体験した満洲国、そして文革の時代を生き抜いた、日本人との交流を示す写真などについて語り、両親の体験を娘としてどのように受け止めるかを考えたとき、親鸞の思想を軸にすると、善悪をこえた悲しみにふれることができると語り、また『歎異抄』ほか親鸞の著作の中国語翻訳への意気込みについて語った。

参加者からは、E・フロムとの共通性、資料にもとづいた記述、などの感想が出された他、参加者自身の満洲体験と重ね、両国の間の悲惨に、互いにどのように耳を傾けるかなど、熱い議論が行われた。　（山﨑優子）

六月新刊

＊タイトルは仮題

マテリアリスト（物質的）の歴史の時代

叢書『アナール 1929-2010』
——歴史の対象と方法（全5巻）

Ⅳ 1969-1979

E・ル＝ロワ＝ラデュリ編
浜名優美監訳

ル＝ロワ＝ラデュリ、ビュルギエールらの、人口統計学（婚姻・産児減少）、歴史生物学（ペスト・血液型）、経済学（貨幣・交通・毛織物産業）、犯罪史（ガレー船漕役囚）など物質的事象を扱う論文及び、ル＝ゴフ、フュレの神話学とイデオロギーに関わる、二十世紀末『アナール』への橋渡しとなる論文を収録。

鶴見和子が切り拓いた熊楠研究の地平とは

鶴見和子と南方曼荼羅

松居竜五編
鶴見和子・松居竜五・雲藤等・千田智子・田村義也

鶴見和子の名著『南方熊楠——地球志向の比較学』から三五年余、南方熊楠をめぐる資料の発掘・整理が飛躍的に進んだ今、何が見えてきたのか？　アカデミックな熊楠研究のフロンティアを拓いた同書の核心と、熊楠研究の最前線とを架橋する、鶴見和子最晩年の座談会を初公刊。

「国際原子力ムラ複合体」とは何か？

原子力の深い闇
「国際原子力ムラ複合体」と国家犯罪

相良邦夫（ジャーナリスト）

史上未曽有の故郷喪失者を出した福島原発事故から四年。未だ政府の施策は欺瞞に満ちている。国連諸機関と原発推進諸団体から成る〝国際原子力ムラ複合体〟が、チェルノブイリから福島に至るまで主導し続ける地球規模の犯罪を、豊富な資料を駆使して白日の下に暴き出す。

現在世界の知と歴史学について考える

歴史の仕事場《アトリエ》

フランソワ・フュレ
浜田道夫・木下誠訳

フランス革命、マルクス主義革命などを「脱神話化」してきたフュレが、『アナール』の歴史学を超克し、さらに新しい歴史の仕事場（アトリエ）を切り拓こうと試みる画期的論集。

本誌好評連載を単行本化！

「アジア」を考える 2000-2015

本誌『機』で一一年間にわたり連載された、各界の識者一三四人による「アジア」論。「アジア」という概念、アジアの諸相、日本とアジアなど、あらゆる視点・テーマから考え尽くす。

5月の新刊

タイトルは仮題、定価は予価。

『環 歴史・環境・文明』61 15・春号 ＊
〈第Ⅰ期終刊〉
高銀／小倉和夫／川勝平太／Ｂ・アレン／青山佾／黒田杏子／石牟礼道子ほか
菊大判　四三二頁　三六〇〇円

増補新版 資本主義の世界史 1500-2010 ＊
M・ボー　筆宝康之・勝俣誠訳
A5上製　五六八頁　五八〇〇円

石牟礼道子全句集 泣きなが原 ＊
石牟礼道子　解説＝黒田杏子
B6変上製　二五六頁　二五〇〇円

名伯楽 粕谷一希の世界 ＊
藤原書店編集部編
塩野七生・芳賀徹・陣内秀信・川本三郎ほか
四六上製　二五六頁　二八〇〇円

グリーン成長は可能か？ ＊
経済成長と環境対策の制度・進化経済分析
大熊一寛
A5上製　一六八頁　二八〇〇円

6月刊予定

原子力の深い闇 ＊
「国際原子力ムラ複合体」と国家犯罪
相良邦夫

叢書『アナール 1929-2010』（全5巻）
——歴史の対象と方法
ビュルギエールほか監修　浜名優美監訳
Ⅳ 1969-1979 ＊ ル＝ロワ＝ラデュリ編

歴史の仕事場《アトリエ》 ＊
F・フュレ　浜田道夫・木下誠訳

鶴見和子と南方曼荼羅 ＊
松居竜五編　鶴見和子・松居竜五・雲藤等・千田智子・田村義也

「アジア」を考える ＊
藤原書店編集部編
池澤夏樹／今福龍太／大田昌秀／岡田英弘／金時鐘／黒井千次／子安宣邦／白石隆／内藤正典／中島岳志／針生一郎 他

好評既刊書

未来世代の権利 ＊
地球倫理の先覚者、J‐Y・クストー
服部英二編著
四六上製　三六八頁　三二〇〇円

プーチン 人間的考察 ＊
木村汎
A5上製　六二四頁　五五〇〇円

サルトル伝 1905-1980 上下 ＊ 口絵三二頁
A・コーエン＝ソラル
石崎晴己訳
四六上製　上五四四頁　下六五六頁　各三六〇〇円

老子に学ぶ ＊
大器晩成とは何か
上野浩道
B6変上製　二二四頁　一八〇〇円

介入 Ⅰ・Ⅱ
社会科学と政治行動 1961-2001
P・ブルデュー
櫻本陽一訳・解説
四六上製　Ⅰ四〇八頁　Ⅱ三三六頁　各三六〇〇円

北朝鮮とは何か
思想的考察
小倉紀蔵
四六上製　二二四頁　二六〇〇円

地域力の再発見
内発的発展論からの教育再考
岩佐礼子
四六上製　三九二頁　三六〇〇円

日本農業近代化の研究
近代稲作農業の発展論理
穐本洋哉
A5上製　三三六頁　四六〇〇円

岡田英弘著作集（全8巻）
6 **東アジア史の実像** 口絵二頁
月報＝鄭欽仁／黄文雄／樋口康一／クリストファー・アトウッド
四六上製布クロス製　五八四頁　五五〇〇円

＊の商品は今号に紹介記事を掲載しております。併せてご覧戴ければ幸いです。

書店様へ

▼発刊以来、各巻大好評の『**岡田英弘著作集**』（全8巻）、3月に刊行の**第6巻『東アジア史の実像』**を4／19（日）『毎日』「今週の本棚」欄で批評家の三浦雅士さんが絶賛書評！ 好評既刊巻はもちろん、岡田史学の精髄『**モンゴル帝国から大清帝国へ**』や、従来の中国史を書き換えるシリーズ〈**清朝史叢書**〉第一弾『**康熙帝の手紙**』、〈世界史〉の中で清朝を問い直した画期的試み『**清朝とは何か 別冊「環」⑯**』もあわせて、〝前人未到の〈世界史〉の地平を切り拓いた〟岡田英弘史学フェアをぜひ！▼4／13（月）、南米の巨星墜つ！ **エドゥアルド・ウへス・ガレアーノ**逝去。享年74。古典的名著『**収奪された大地**』は、反米左派のチャベス・ベネズエラ大統領がオバマ米大統領に二〇〇九年の首脳会議の席上で贈ったことで各国で大きな話題になりました。▼**河津聖恵『闇より黒い光のうたを』**が、発売直後からのパブリシティで大反響のなか、今度は4／19（日）『東京・中日』、5／3（日）『西日本』でも絶賛書評！ まだまだ動きあります。在庫ご確認を。（営業部）

出版随想

▼巻頭にもお知らせしましたように、15年間刊行して参りました学芸総合誌・季刊『環――歴史・環境・文明』の第一期（61号）の幕を閉じさせていただきます。この間本当に多くの読者に励まされ刊行できましたこと心から御礼申しあげます。

▼小社創業10年で、清水の舞台から飛び降りるつもりで、月刊の小誌ではない本格的な雑誌をやりたいという、長い間の〝夢〟を実現した。この35年、思想誌でもない、学術誌でもない、文化誌でもない、恐らくバカな向う見ずな挑戦好きの輩にしか作り上げられない雑誌を考えてきた。考えれば考える程難しく、その間、独立ということもあり、なかなかテイクオフしない日々が続いた。二〇〇〇年になるほんの少し前だったと思う。突然〝天の声〟が聞こえ、「もうこれだけ多くの国内外の書き手の方々が居るのだから、その方たちに協力してもらえばいいんじゃないか」と。その声を聞いた途端、体の中の力がスウーッと消え、自分なりの雑誌を作ってみようと決意した。

▼〝環〟というタイトルは、すでに30年前から温めていた。世界の人々とのネットワークという位の意味。副題に、「歴史を問い直す」をモットーに出版活動を展開してきたので「歴史」を。これからは地球環境の時代、「環境」問題への考察をしないわけにはいかない。最後に、われわれは文明社会に生きているが、果たして人間にとって「文明」とは何かを常に問うてゆかねばならないと。それからこの雑誌は、学問と芸術を統合する、換言すれば、学と芸は、一体でなければいかんという総合誌にしたいと思った。総合誌が売れないという時代に、敢えてこの雑誌を総合誌と命名した所以である。

▼「すべての常識を問い直し」たいという思いから、「〜とは何か」「〜を問い直す」のような特集タイトルになった。今、この総目次をみていると、万感の思いがする。

本当に長い間お世話になりました。又、来期新たな姿で皆様の前に登場致したく願っております。ありがとうございました。（亮）

人を主とした十数人で、講師を招き、自由な討論を行った。講師は次の総理と目される人から新進気鋭の学者まで、多彩であった。「志遊会」の白眉は冒頭の粕谷さんによる講師紹介であった。ユーモアの中にその人の全体像を短く描き出す力量は見事であった。これは粕谷さんが希代の人物好きであった所以であろう。粕谷さんは知的にも実践面でも人物に着目されていた。知的世界では人物の対比の妙や、地味だが重要な人物を多面的に描き切られた。実践面では高坂正堯、永井陽之助、山崎正和、塩野七生氏等、戦後の金字塔的な人々の後押しをされた。粕谷さんは名編集長の域を超えて、人を見出し、世に出すことによって世の中を変えてゆこうとしたプロデューサーでもあった。

粕谷さんと私はよく二人で酒を呑んでいた。彼は大変な食通で、目白や六本木の片隅にある小料理屋等で歴史散歩等、楽しい時を過ごした。粕谷さんは評論、歴史、外交、全ての面で平衡感覚を重視された。歴史家としての粕谷さんは、日本は何故勝つはずのない戦争に突入したのか、その責任者は誰かにつき日本が総括していないことを残念に思っておられた。来年は先の大戦の七十周年である。世界はポスト冷戦後とも言うべき新局面に入りつつある。世界の中での日本の立ち位置や志を、バランスを保って点検すべき時が来た。そのためには日本自身のために、日露戦争から敗戦までの歴史を省察する議論を巻き起こす必要もあろう。またその四十年の倍近い七十年の戦後という時代を歴史として見つめ直し、再評価すべき時が来たと思う。「細分化された思考はますます専門化し、素人には見えない世界になってしまった」と嘆息された粕谷さん。その広大な視野が今こそ必要であり、そのような人々を輩出してゆくプロデューサーが今こそ求められている。

孤高の文人、粕谷さんを偲んで

前文化庁長官　近藤誠一

篠つく雨の護国寺。夕闇の中を弔問客の長い列ができていた。多くの外務省の先輩や出版、メディア関係者とすれ違った。粕谷さんの人脈の広さと、お人柄を改めて感じた。

私が粕谷さんに最初にお目にかかったのは、外務省勤務時代、『外交フォーラム』の編集にかかわったときだ。最初はそのビッグネームもあり、またその風貌も合わせて、若い事務官には近寄りがたい、こわい存在だった。しかし同時に毎月の編集会議は楽しみだった。複雑な外交問題を粕谷さんはどう考えておられるのかが聞けるからだ。とくに外務省にいては分からないような、内政や経済問題などとの関連を見事に解説して頂けることは、若い事務官の視野を広める上で大変役に立った。

外部の有識者の原稿が俎上に上がると、まず外務省の担当部局を代表するものがコメントをする。早朝の会議なので、国会などで幹部が出られないときは若い事務官が代理で出席し、発言する。彼らのコメントはしばしば官僚的で、保守的、事なかれ主義的色彩が強い。そんなときは粕谷さんから厳しく叱られるのではないかとはらはらした。

しかし粕谷さんはぎょろっとした目でその事務官を見つめるだけだった。そして窓の外を見ながら子供を教え諭すように、静かに話をされた。優しいひとなんだなと思った。また文芸人として政府とは一線を画しつつも、その国を想う気持ちの強さに感激したことがしばしばあった。

政治に通じつつ、一般国民の見方をもしっかり押さえておられた。そして外交という必ずしも専門ではない分野における高い見識に驚かされた。天性の勘の良さを備えておられ、どんな問題でも彼が「それでいいだろう」と言われると、安心感が湧いてくる、不思議なひとだった。

ここ七〜八年、ついに粕谷さんにお目にかかる機会には恵まれなかった。いつからかエッセイなどを書くことが多い生活になったが、締切りが迫って切羽詰ると、よく「今回はこの辺でよしとしよう、次回頑張ればよい」と自分に妥協する誘惑に駆られる。そんなとき粕谷さんの教えを思い出す。そして「安易に妥協してはいけない、書いた文章は一生ついてくる」と言い聞かせて、眠い目をこすりながらもうひと踏ん張り推敲する。あとで読むと、この最後の修正が駄文を少しましなものにしたと感じ、「あそこで妥協していたら……」とぞっとすることが多い。

文章を大切にする粕谷さんの生き方は、いまの私にしっかりと根付いている。心からご冥福をお祈りする。

粕谷さんの知遇を得て

国際教養大学理事　元特任教授、アークヒルズクラブ専務理事
給田英哉

粕谷さんと初めてお目にかかったのは一九九〇年代の初め、台湾との知的交流を目指して故中嶋嶺雄さんが始められた「アジア・オープンフォーラム」で台湾に御一緒した時であった。当時私は丸紅に勤務しており、商社の立場から台湾は中国本土よりも取引額も大きく大切な市場だったので、「ビジネスマンとしては、台湾との関係はもっと大切にしたい」というような発言をしたことを覚えている。粕谷さんはその時「ビジネスマンとしては」という切り口でのコメントが印象的だったとあとで評価をしてくださった。

こんなご縁で、ロンドン駐在から帰った一九九八年から月刊誌『外交フォーラム』の編集委員を仰せつかった。本間長世先生と山内昌之先生と三人、それに粕谷さんが加わり、外務省の担当課長レベルと編集長との毎月一回、外務省で開かれる編集会議は大変に刺激的で興味深いものであった。編集委員の我々三人に自由に意見を言わせた後で、最後にさりげなくコメントされる正に編集者のプロとしての意見にはいつも感心させられたことを思い出す。

『外交フォーラム』は幅広く外交問題を論じるクオーリティマガジンとして有識者からは評価されていたと思うが、二〇一〇年残念ながら民主党政権下の見直しで廃刊となってしまう。粕谷さんにとっても大変残念なことだったと思うが、実に淡々としておられたのが印象的であった（その後、これら長年の功績に対して外務大臣表彰を受けられているがこれは当然のことであろう）。

高坂正堯さん、塩野七生さん、北岡伸一さんら多くの日本の論壇で活躍している人たちを見いだし、活躍の場を与えた人として知られているが、人の潜在能力を見抜く天才であったように思う。いつも自然体でさりげない会話の中から若い人にチャンスを与えてこられ、それがどれだけ我が国の知的リーダーたちを育てたかは計り知れない。

粕谷さんのスケールの大きさを感じたのは当時、編集長であった伊藤美佐子さんを国際交流基金の理事長がスタッフとしてスカウトした時のことだ。小生も理事で日米センターの所長も兼ねており、『外交フォーラム』の編集委員の立場からもこれは無理ではないかと危惧をしていたのだが、「せっかくのチャンスだから」とむしろ心配する彼女の後押しをするような形で送り出されたのにはびっくりしたものだ。彼女は国際交流基金の広報室長のあと更に今度は外務省から乞われ、ワシントンの日本大使館・文化広報センター所長としても活躍をすることになるのだが、狭い自分の利害にとらわれず人を育てようとされるその姿勢に感服させられたことを懐かしく思い出す。

彼の随想集を拝見するにつけ、また、お別れ会でご家族も言っておられたが、そのお人柄から多くの素晴らしい友人たちに恵まれ、我が国の論壇でこれだけ多くの人から信頼される人材を育てられたことは、きっと満足の人生だったと感じておられると思う。合掌。

食い逃げの記憶

慶應義塾大学教授　阿川尚之

粕谷一希さんに初めてお目にかかったのは、私が大学生のときである。明治天皇の伝記を書かないかと父（阿川弘之）に打診するため、我が家に来られた。父はあんまり乗り気でなく、食事が終わるとさっさと寝てしまう。しばらくして粕谷さんは帰られるというので、私が車で駅までお送りした。

我が家には多くの編集者が訪れた。食事をし、酒を飲み、雑談をする。父が寝たあと、残された編集者は酔っ払って帰らず、母が応対する。編集者という輩は何者ぞと、子どものころからいぶかっていた。しかし粕谷さんはちょっと違う。難しい顔をして、口をへの字に結んで、ひたすら説得する。

車のなかで「私は外交史や国際関係論に興味があります」と口走ったら、まじめな口調で、「それなら高坂君や入江君を紹介するよ」とおっしゃった。この人は私が尊敬する大学者を君づけで呼ぶ。びっくりしたけれど、考えてみると高坂・入江両先生はこのとき四十歳になるかならないか。今の私よりはるかに若い。粕谷さんも二人より三つ年上なだけだった。

それから二十年近く経って、粕谷さんが今度は私のところに来られた。編集長をなさっていた『外交フォーラム』でアメリカについてインタビューを受けた。その後おつきあいが始まり、会うたびに何か書けとおっしゃる。

あるとき六本木のフランス料理店でごちそうになり、『外交フォーラム』に連載しろと言われる。「いやあ、ロイヤーの仕事が忙しいし、他に本や翻訳の仕事を抱えているし、又アメリカに行くし」と書けない言い訳をするのを、例によって口をへの字に結んで聴いておられる。ところが会食が終わる直前、「おまえ、まさか食い逃げするんじゃあないだろうな」と、きっぱり言われた。

結局しばらく経って『外交フォーラム』で二度長い連載をさせてもらい、それぞれ本になった。私にとって毎月決まったテーマでものを書く、楽しい経験であった。その後も日本の思想史を書け、英語で時事評論をしろと言われ、「つまらない仕事は引き受けるな、早死にするぞ、うちの仕事だけしろ」と脅かされた。

しかし晩年、授賞式などでお目にかかると、一人で椅子に腰かけておられることが多く、そんなときは隣に座るようにした。もう書けとはおっしゃらず、一言二言感想をつぶやかれた。私はあいづちを打ちながら、ただ一緒にいた。

お通夜にでかけ、ご遺影を見ながら、いろいろと可愛がっていただいたこと、文章を書く機会を与えていただいたことを、心のなかで感謝した。しかし同時に、粕谷さんの期待に沿うほど仕事をしていないなあと反省した。やはり私は少し食い逃げしたのかもしれない。会場の外はずっと雨だった。

含羞の人、粕谷さん

京都大学教授　大石　眞

粕谷さんとの出逢いは、この特集号に寄稿された多くの方々とは違ってそれほど古くはない。もちろん、私自身は、元『中央公論』の名編集長としての令名はとうに一方的に存じ上げていたが、実際にお会いすることができたのは、京都に居を構えてしばらく経った頃、旅路にあった粕谷さんからお電話をいただいた日の夕方、指定されたホテルのロビーにおいてであった。

この時は、近年まで編集長を務められていた『外交フォーラム』への寄稿を求められたように記憶しているが、最近の関心事などにも触れつつ夕食を済ませた後、下鴨にある隠れ家的な名店「伊万里」に案内したところ、こんな住宅地にこんなバーがあるのかと驚かれ、しばし楽しまれたことを、今でもよく憶えている。

その後も、あるいは東京であるいは京都で夕食をご一緒したり、サントリー文化財団の研究会などでお会いしたりする機会を得たが、いつも話題になった当代の論客たちに対する政治思想的な関心を示されていたのが印象的だった。私の専攻する憲法学・公法学に話が及ぶこともないではなかったが、所詮、私どもの法学の話題は固く狭いもので、ときに憲法学界の最近の動向を尋ねられ、それに私が応ずるという程度にとどまっていたように思う。

それでも、粕谷さんと会って話をするのは大変楽しかった。何かの折に、妻が熱心なファンだと伝えたところ、じゃあ今度は君んちに行こうということになり、白川北大路から少し入った狭隘な拙宅までお運びいただいたことがある。

図書館司書の杵柄をもつ妻との間では、とくに鬼才、遠藤麟一朗の足跡を描いた『二十歳にして心朽ちたり』や戦後人物像を検証した『対比列伝』などの話で、大いに盛り上がっておられた。妻は、人物対比の手法はヨーロッパの正統の流儀だと教えられて感心していたが、さらに、歌を少し齧っていると紹介したことがあるせいか、奥様とお創りになった瀟洒な句集を持参され、「どうみても女房のほうが数段巧いんだよ」との注釈付きで、恵与にあずかった。

その時の含羞に充ちた粕谷さんの笑顔を、私は忘れることができない。この時のお礼にと、奥様からは可愛いバッグをお贈りいただいたが、編集長としてまた著述家として数多の人材と作品を世に問われた方の家庭人としての優しさと暖かさが滲み出ていた。いま改めて家に粕谷さんの写真が一枚もないことに気付き、せめてその時一緒に撮っておけば良かったと、悔やまれてならない。

合掌

救われ、励まされた思い出

京都大学教授　中西　寛

粕谷さんに最初にお目にかかったのはいつどういう用件だったか、この原稿を書くにあたって思い出そうとしても思い出せない。おそらく、『外交フォーラム』に最初に載せて頂いた一九九四年頃であったのではないかと思う。冷戦後の日米安保について書いた小論の公表先について、私の師であった高坂正堯先生から紹介して頂いたのがきっかけだったような気がするが定かではない。ともかく、最初にお目にかかった時に高坂先生を「高坂君」と呼んでおられたことは鮮明に覚えている。その頃の私は粕谷さんと高坂先生のつながりについてもほとんど知らず、二人の最初の出会いや「現実主義者の平和論」を世に出した頃の話を新鮮な気持ちで聞かせて頂いた。

高坂先生につないで頂いた縁だったが、粕谷さんにお目にかかる機会が増えたのは高坂先生が一九九六年に急逝してからである。粕谷さんは随分と寂しがっておられ、その分私のことも気にかけて下さったのだと思う。その後、粕谷さんには色々な席に呼んで頂き、また数々の著書を送って頂いた。

何といっても粕谷さんにお世話になったのは、『高坂正堯著作集』の刊行についてであった。高坂門下の弟子たちの間で何とか実現したいという話になったが、この企画は粕谷さんにお引き受け頂けなければ到底実現しなかった。全集ものの売れない時代にあって、粕谷さんは都市出版の命運を賭けるほどの覚悟で出版を引き受けて頂いたのだと思う。おかげで編集を担当した私たちは安心して作業に取り組むことができただけでなく、そのご厚意に甘えて随分と我が儘なお願いをした。文字通りの救いの神だった。

粕谷さんは編集という視点だけでなく、学者を育て、日本に役立てたいという気持ちを常にもっておられたと思う。そうした姿勢は高坂先生や永井陽之助先生、山崎正和先生などほぼ同年代の学者に論壇デビューの道を開いた頃から、私のような年の離れた若輩者に接した時まで終始一貫しておられた。ことに、若い頃に京都学派の著作に影響を受けたこともあってか、歴史や思想を重んじる関西の知的風土を高く評価して下さり、京都には頻繁にいらっしゃっていた。私などもそのお相伴に与り、いつも暖かく励まして頂いた。受けた御恩に対してお返しらしいこともできぬまま、お別れすることになったことには言い尽くせない忸怩たる思いがある。後悔先に立たずではあるが、少しずつでも御恩返しはしていきたいと思っている。しかし今は安らかなご冥福をお祈りしたい。

「今にして思えば……」の連続

上智大学教授　宮城大蔵

二十数年前、大学生であった私にとって粕谷さんは、アルバイト先（『外交フォーラム』編集部）の社長（都市出版）で、昼食の際、末席に連なってご馳走になることもあった。当時の私も生意気だったものである。日頃縁のない割烹風の料理を前に、「人間、やるべきことはたくさんある。食事がどうの、味がどうのと、世のグルメ談義はくだらない」というようなことを言ったところ、粕谷さんは「君、美味しいものを味わうというのは、人生における最大の喜びの一つなんだよ」と一言。私もそれなりに「大人」になり、時折美味しいものを口にする機会がある度に、「粕谷さんが言ったことは本当だったな」と、いつも、いつも思うのである。

やがて卒業し、ＮＨＫで記者として仕事を始めたのだが、思うところあって四年ばかりで大学院に進んだ。しばらくして人手が足りないからと『外交フォーラム』で短期のアルバイトをすることになった。粕谷さんに見つかったら嫌だなと思う間もなく席に呼ばれた。「君はせっかく

ＮＨＫに入ったと思ったら、こんな風に戻ってきて何を考えているのか」と言われ、私は内心、「呼ばれて手伝いに来たのに……」と相変わらず素直ではなかった。しばらくして粕谷さんから「アルバイトを頼みたい」との連絡があった。「年寄りの呆け防止の勉強会だから」と言われて、ともかくも「バンドン会議と日本」という当時進めていた修士論文のテーマを準備したところ、当日の顔ぶれは永井陽之助、中嶋嶺雄といった方々で、一介の院生には望外の場であった。またその頃の私にとっては相当な額の謝礼であった。経済的なこと、また各分野の泰斗の方々の謦咳に接する機会を与えて下さったのだと、「今にして思えば……」の思いばかりである。その後も粕谷さんは、ぶっきらぼうな口調で、さりげなく、ことある毎に励まし、機会を与えて下さった。

昨年ご自宅にお邪魔した際、あまりに今さらと思いながらも、「読むべき本として何冊か挙げるると、どのようなものでしょうか」と蛮勇を振るったところ何冊か挙げて下さり、漏らすまいと手元に書き留めた。今年五月のある日、手帳からそのメモが舞い落ち、ああと思って改めてそれら歴史に関わる書名に目をとめた。粕谷さんのご逝去を知ったのはそのすぐ後であった。長大で幅広い歴史の視座においてみれば、物事は自ずと複層的なものとなり、ステレオタイプの言論を打ち抜く示唆に富む視座も生まれるということではないか。二十一世紀を生きる書物を書く者として、粕谷さんにお見せして恥じることのない軌跡を刻んでいきたいと思う。

「本を書くこと」の大切さ

慶應義塾大学教授　細谷雄一

二〇〇〇年に私が慶應義塾大学大学院を修了して、外交史家としての道を歩み始めた頃に、名編集者としてその名が広く知られていた粕谷一希さんと面識を得た。二〇〇二年にサントリー学芸賞を頂いた際に、その授賞式でもご挨拶をさせて頂いた。それから十年少しの間に、色々な機会でお会いする機会を得た。

都市出版で粕谷さんが創刊した『外交フォーラム』という本格的な外交専門誌の、二〇〇三年二月号から八月号まで、「大英帝国の外交官たち」と題する連載を掲載させて頂いた（後に筑摩書店から『大英帝国の外交官』として刊行）。個性的なイギリスの「学者外交官」の列伝であるこの連載、そして単著を、なぜか粕谷さんは気に入ってくださった。そのようなご縁もあり、『外交フォーラム』編集部の鈴木順子さんの仲介で、粕谷さんと夕食をご一緒する機会を得た。面と向かって長時間お話しするという機会は、はじめてだった。粕谷さんはあまり表情を変えることもなく、怒っているのか楽しんでいるのかさえも区別がつかない。独特な間を取りながら、拙著の中で扱ったE・H・カーや、ダフ・クーパー、アイザイア・バーリンについての自らの想いを語った。中央公論社の編集者時代に、このダフ・クーパーが記した『タレイラン評伝』（曽村保信訳、一九六三年）の翻訳を担当した思い出話を語ったときには、表情が柔らかくなり嬉しそうだった。ちょうど若き日の高坂正堯氏と出会い、編集者として人生を謳歌していた頃の仕事である。楽しい思い出だったのだろう。

そして粕谷さんは、最近の若い学者が人物を描きたがらないと、不満を語った。私の『大英帝国の外交官』に、何か過ぎ去った時代の名残を感じたのかもしれない。同じ頃に私がイギリスの政治家イーデンについての評伝、『外交による平和――アンソニー・イーデンと二十世紀の国際政治』（有斐閣）を刊行したあとにも、「細谷君、あれは面白かったよ」と励まして頂いた。粕谷さんにとって、本は面白くなければならないのだ。

その粕谷さんは、『作家が死ぬと時代が変わる』（日本経済新聞社）という著書の中で、次のように書いている。「インテリというのは、本を書くことが最大の役割である。書物を通じて、ないしは現場から遠のいた自由な発言が一番大事なのだ。」このような権力との距離感というものに、粕谷さんは拘っていたのであろう。粕谷さんは人生の多くの時間を、「本を書くこと」のために使った。あるときには編集者として、またあるときには作家として。粕谷さんに、「細谷君、あれは面白かったよ」ともう言ってもらえないのが寂しいが、粕谷さんに「面白かったよ」と言ってもらえるような「本を書くこと」の大切さを、つねに心に秘めていたい。

歴史好きの編集者だった粕谷さん

元新人物往来社社長　大出俊幸

ある日、粕谷一希さんから突然の電話で、月にいちど酒を呑みながら、歴史談義をする会をもちませんか——といわれ、綱淵謙錠、佐々克明、あなた（大出）と私で、ゲストを一人お呼びするのはどうだろう、——と。既に囲炉裏をかこんで古今東西の英雄たちの人物月旦をしている絵図が出来上がっているみたいだった。当時、新選組本にはまって、土方歳三、沖田総司の本を次々と出していた私にとっては渡りに舟。ゲストには長谷川伸の高弟佐々木杜太郎さんや和船で吉川英治賞をもらった石井謙治さん、室町の儀礼や戦国武将に詳しい二木謙一さん等に来ていただいた。席をかえての二次会では座もちのうまい綱淵さんの終ることなき座談がつづいた。

のちに『武功夜話』（全四巻）を出すことになる吉田蒼生雄《たみお》さんが、伊勢湾台風で崩れた江南市の実家の土蔵から出てきた史料を持参され、信長・秀吉の時代をいきいきと語られたのにいたく感激、再度つづきということで、信長・秀吉時代の前野一族の家伝を語っていただいた。粕谷さんに、「原本のままの漢字ばかりの本では売れませんよ」と耳うちされ、四、五年かかって仕事のあい間に読み下し文にしていただいた。それにしても分量が多く戦国のディテールに精通していなかった私がちゅうちょしていると「大出くん、本を出すことは事件なんだ」と、どーんと背を押され出版にこぎつけた。

その頃には北原亞以子、佐藤雅美、藤原作弥さん等も粕谷さんが史遊会と名づけた、その会に来ていただいた。

これから歴史モノを書いていこうと、スタート台に立っている若いライターたちには、『城下の人』は面白いぞ、とかもっと文学作品を読まなければ――とアドバイスしている会話をしばしば耳にした。

藤原審爾さんは、安保闘争の激しい最中にも、自宅に『世界』、『中公』、『文春』から『現代の眼』にいたるまで編集長を集めて酒を呑ませ、ダベらせていたんだと、情報交換の大事さをそっと教えられた。中央公論社を退社した頃、高杉晋作に興味があるので、下関の人を紹介して欲しいといわれ、古川薫さんや清永《きよなが》唯夫さんに下関で会っていただいた。そして結実したのが『面白きこともなき世を面白く――高杉晋作遊記』だった。

粕谷さん自身、石光真人の名作『ある明治人の記録』を世に出されただけあって、本当に歴史をいとおしんでいるひとだなァ――と思った。歴史編集者にとって粕谷さんは目ざすべき極北の星だった。

粕谷さんと東京史遊会

国立公文書館館長　加藤丈夫

粕谷一希さんに対する哀惜の念は、告別式における弔辞でその限りを吐露したので、ここでは私と粕谷さんとのお付き合いが深まるきっかけとなり、現在も続いている「東京史遊会」について述べることにしたい。

「東京史遊会」がスタートしたのは一九九六年だが、発起人の代表である粕谷さんが書いた設立趣意書は次のとおりだ。

「一九八〇年代の初頭、日本社会と経済が成長から成熟に移行し始めたころ、巨大都市東京を新しい目で見直そうとする機運が期せずして各方面から高まってきた。(中略)こうした東京論は、東京の悪口だけを言うのをやめて、愛情をもって東京を語り、東京の品位と魅力を高めていこうとする運動だったと言えるだろう。いま東京史遊会という同好会のサロンを設立しようという試みは、八〇年代の運動の輪を更に広げ、歴史に根ざした東京、国際社会からも愛される東京を好・不況といった状況に左右されず、ゆったり豊かに実現していきたいという念願からである。未来は単なる青写真でなく、歴史に遊び多様な人士との交流と対話から生まれるとの信条から東京史遊会と命名した。同好の士の参加を心から期待する。」

雑誌「東京人」の発行人であり、自身が生まれ育った東京を愛してやまない粕谷さんの思いがこもった文章だが、その趣旨に賛同して発起人に名を連ねたのは、芳賀徹、高階秀爾、芦原義信、近藤道生、福原義春、北島義俊、金平輝子などの方々。

私は粕谷さんには金平さんの紹介でお目にかかったのだが、初対面の私に「あなたの父上の加藤謙一さんが編集長をされた『少年倶楽部』は私の少年時代の愛読者でした」と言って即座に入会を許していただいた。

「東京史遊会」の例会は月一回で出席者は十二〜十五名程度。一流レストランの個室で正午から一時間は食事をしながら懇談し、後の一時間はその都度招く講師の話を聴く（だけの）会である。講師の話も、当初は東京という都市に関わる話題が多かったが、年が経つにつれてテーマは必ずしも東京に限らず歴史・文学・芸術・芸能などのさまざまな領域に広がることとなった。

実は会がスタートして十年ほど経った頃、粕谷さんが「そろそろこの会も終わりにしよう」と言い出されたのだが、メンバーからは「こんなに楽しい会は他にないのだからぜひ続けよう」という強い希望がありそのまま継続することになった。

そんなことで会の趣旨は少し変わって、粕谷さん自身も「ここは読書人のサロンだ」と言うようになったが、読書という共通の趣味を持つ人たちが美味しい食事をしながら（特に解決すべき課題も設けずに）和やかに談笑する集いは、メンバーにとってこの上ない楽しいひとときだ。私は会に出席するたびに、「この方たちはどうやってこれほど大量の本を読みこなして豊かな知識を身につける時間を作っているのか」と感嘆するばかりで、それは自分にとって大きな知的刺激を受ける場になっている。

粕谷さんは、総合誌の全盛時代に編集長を務めたということもあって、さまざまなジャンルの人たちと思想の左右・硬軟に拘ることなく幅広い交友関係を結んだが、自身の中では、付き合う人が読書人かそうでないかを厳しく区別していたのではないだろうか。

そして読書人と認めた人には心を許し、粕谷さん自身が東京史遊会の上等なサロンの雰囲気を楽しんでいたように思う。

ただ、学者や作家、ジャーナリストは本と付き合うのが仕事だから、彼らが読書人であることは当然だが、政治家や経営者は必ずしもそうではない。

粕谷さんからは「政治家も経営者も本を読まない人は駄目だネ」と聞いたことがあるが、粕谷さんには、読書を通じてこそ過去に学び、現在の世の動きを正しく捉え、未来を考えることができるという信念があり、政治家や官僚、経営者の中に読書人が多くいて欲しいと願っていたのではないか。

いま思えば、東京史遊会が、学者やジャーナリストだけでなく経営者が加わり、私もその末席に加えていただいたのは、粕谷さんのそうした思いがあってのことだという気がしている。それにしては、不勉強なメンバーであったことに忸怩たる思いを禁じ得ないのだが、私自身は東京史遊会のメンバーと知り合うことによって、新しい読書の楽しみを味わったし、その思いはこれからも益々強くなっていくことだろう。

家内にとっても大恩人

㈱アスピカ代表取締役会長　大黒　昭

粕谷一希さんと私はほぼ同年齢。終戦直後の旧制高校生活を送ったという共通体験もある。そのせいか粕谷さんの著書には共感するところが多い。粕谷さん自身こう書いている。

「およそ人間は青年期に形成された価値観を核として生涯を生きる。その意味でどのように年をとってもその人間はその青春を生きているともいえる。」

粕谷さんと直接知己を得たのは同氏主宰の月例勉強会「東京史遊会」に入れていただいてからである。その講師陣は各方面の一流人ばかりで、粕谷さんの人脈の広さに今更のように驚いた。そこでは粕谷さんは裏方に徹しておられたが、時折の短い発言は本質をついた鋭いものであった。

粕谷さんはかつて編集者として多彩の人々に執筆の機会を与え世に出した名伯楽でもあった。

塩野七生氏もその一人。私の家内は『ローマ人の物語』全一五巻を了読したほどの塩野ファン。ある時、家内にせがまれて粕谷さんに無理をお願いして塩野さんと食事の会をセットしていただいた。家内は「一生の思い出になった」と大喜びであった。その折、塩野さんに臆せず発言する粕谷さんにびっくりした家内は爾来、粕谷さんのファンともなる。

このご縁で粕谷夫妻とわが夫妻は何回か食事の機会をもち、粕谷夫人が家内の「三田」の先輩ということもわかる。「次回は女同志で亭主の扱き下ろしをしましょう」と相談もまとまったという。しかし程なくして粕谷さんはこの世を去り、わが家内は病床に臥すことになる。

粕谷一希氏を惜しむ

「史遊会」会員　石坂泰彦

粕谷さんと私が知己をうることができたのは、私の友人多湖實之君の紹介で、粕谷さんの主催する集り「史遊会」に入れていただいたことに始まる。「史遊会」は十二、三人の集りで、大学教授や大会社の役員、ＯＢに始まり多種多様な集りである。毎回粕谷さんのお声がかりの講師を囲み、食事をとりながら皆で話し合う楽しい会合である。私なぞサラリーマンの端くれにとっては大変勉強になる、この上ない楽しい会で、粕谷さんの講師紹介の話も実に妙を得たものであった。

粕谷さんは、大変な読書家であられたと同時に多くの著書や随筆を書かれた。二〇一二年十月に出版された、『歴史をどう見るか——名編集者が語る日本近現代史』を読ませていただいた。私が深く感動した名著である。「ヒストリーはストーリーである」というお考えに基づき、明治維新から東京裁判に至るまで、人物評を加えられ、坦々と語られている。ともすれば戦後の日本に蔓延している「エセ左翼」ジャーナリズムに対する警告である。私は同書に粕谷さんのサインをいただいたが、今となっては貴重なものとなった。

粕谷さんは旧制高校を卒業され、学生運動たけなわであった頃東大に在学、当時のマルクス・レーニン主義一辺倒の学生運動に対し、待ったをかけた数人の良識グループの一員であったと聞く。その中には私の畏友、故岩崎寛彌君や佐々淳行君も含まれていた。粕谷さんは岩崎君の書く文章や人柄にも敬服し、よく上野近くの呑み屋で二人で盃を傾けておられた様だ。

粕谷さんの旧制高校以来の同級生芳賀徹先生の追悼文の中に、「粕谷君が、竹山道雄先生は面白そうだから、みんなで自宅へ押しかけようと言った」という一節があったが、私はこの雰囲気こそが良き日本の旧制高校の雰囲気であったと思う。そして又、旧制高校には「ノヴレス・オブリージ」の精神が脈々と根づいていたのである。粕谷さんはご承知の通りわが国の多くの知識人を育てられ、友人も多く、日本の将来を真に憂えておられた日本の知識人であられた。私は今、私の旧制高校時の恩師、中村草田男先生の一句、「世界病むを語りつゝりんご裸となる」という句を思い浮べている。

粕谷一希氏を失ったことは日本の知識人の良心を失ったことである。残念である。寂しい限りである。心からご冥福をお祈り申し上げる。

合掌

粕谷一希さんと私——続編

（公財）日本漢字能力検定協会代表理事　高坂節三

もしも、兄・高坂正堯が存命であったなら、「粕谷一希さんと私」は、兄が引き受けたと思います。それは「万感の想いをこめた、名伯楽への賛辞と謝辞の言葉」であったでしょう。「粕谷さんと私」のお付き合いは、兄が亡くなってからのことで、兄の著作集発刊に始まりました。

著作集の発刊は決して楽な仕事ではなく、「都市出版」の体力や従来の出版実績から考えて、大変な仕事であることは素人の私にもよく判りました。そのため二人で寄付を募るべく、何人かの財界人にお願いに上がりました。その時も粕谷さんは若干の赤字は覚悟していると仰り、兄の著作集発行への並々ならぬ思いを知ることが出来たのです。全八巻の著作集は、粕谷さんの赤字覚悟の決断によって完成した「亡兄への贈り物」でした。

粕谷さんが主宰されている「史遊会」に招かれたのは、この前後であったと思います。経済同友会で一緒であった加藤丈夫さんと二人で「いろいろな会合に参加しているけれど、この会合が一番面白く、ためになる」と話し合いました。毎月、粕谷さんが呼んで下さる講師は多士済々で、経済人の眼を大きく開いてくれました。中でも強い印象を与えてくださった人に吉村昭さんがおられます。謙虚で控えめな吉村さんの物静かな語り口は、地道な実地調査に基づいたものでした。粕谷さんも高く評価されていたと思います。粕谷さんの同窓・同期で、特別会員として参加して頂いた高階秀爾さんや芳賀徹さんは、多くの講師が一目置いておられた碩学で、コメントも鋭く、講師の方も緊張して昼食会に臨んでくれました。

粕谷さんは京都がとてもお好きでした。「政治家は永田町と自らの選挙区以外は知らない。京都のようなところで思索にふけることも大切だ」と主張されました。数名の政治家と、兄と親しかった学者、そして経済人が数カ月に一度杯を酌み交わす構想も、粕谷さんのアイディアでした。兄が終生離れなかった京都下鴨の家のすぐ近くの「下鴨茶寮」を、その場に選ばれたのも粕谷さんでした。

夕食会の前後、粕谷さんは洛北の定宿に旅装を解いて、思いに耽られたことでしょう。内藤湖南や唐木順三をはじめ多くの京都大学の史学、哲学の研究者に対して特別の想いを持ち、幅広い見方でその業績を称えられました。

歴史の意味を探し続けた粕谷さんには、ゲーテの言う「思惟する人間の最も美しい幸福は、探究し得るものを探究した上は、探究し得ざるものを静かに崇めるにある」という言葉を贈りたいのです。

〝編集人《へんしゅうじん》〟粕谷一希さん

元NHKプロデューサー　多湖實之

粕谷さんとの初対面は、あの一九六〇年の秋のこと、その年の前半は、国会や首相官邸周辺が安保反対デモで、革命前夜を想起させるかのような騒然たる様相を呈していた年だった。

今は故人となった学友の岩崎寛彌君が、わたしの職場に突然やってきて、「君に引き合せたい人がいる」といって、近くの喫茶店で会ったのが最初であった。そんな、お互い、れっきとした社会人になってからのつきあいとしては、異例なほど親しく接していただいた。

それだけに訃報を受けて以来の寂寞感は、なんとも深く大きい。

同年輩の二人が、今の世の中では、想像もおよばぬ激しい転変の時代に青少年期をすごしたことの共感によるのかもしれない。

粕谷さんは、つとに、『中央公論』編集部にその人ありと、執筆する知識人の間ではよく知られていた。その頃の思想風潮は革新か進歩にあらずんば知識人や学者にあらずという、いわゆる進歩的文化人信仰が社会に溢れていた。

戦前からあった、個人の生活実態とはかけ離れた観念的進歩主義が横溢していた。

雑誌界でもその傾向に批判的な知識人は、保守反動という四文字で一括され、執筆の場すら極端にせばめられていたようであった。

そういう空気のような傾向の中で、それらに対抗する考え方の学者・文化人を広い視野で発掘して、執筆・発言の場を提供することは、なかなか容易ではなかっただろう。

〝編集人〟粕谷さんは、勇気をもって、その頃の雑誌ジャーナリズムに、若い新鮮な学者や執筆者を次々と登場させた。彼の手にかかった？　論客達が、その後の日本の論壇に、大きく且つ貴重な貢献をしたとわたしは思っている。それは、わたし流に言えば、〝いかなる論客も、社会の現実を視て物を言うべしという認識をもったこと〟である。

「風紋」仲間

作家
高田 宏

粕谷一希さんとぼくとの間柄《あいだがら》をひとことで言えば、「風紋」仲間、ということになる。評論家と編集者・作家というのではない。東京・新宿にある「風紋」という古い地下酒場の飲み仲間ということだ。

粕谷さんのお宅へは一度だけお邪魔したことがある。仕事ではない。風紋での酒飲みばなしのなかで、粕谷さんがコルク張りの書斎を作ったと聞き、見せてもらいに行ったのだ。

その一回を除いて、粕谷さんに会うのは、風紋で飲みながらか、風紋主催の旅行会の仲間としてだった。たまにどこかのパーティーで会うことがなくはなかったが、そんなときは「やあ、どうも」程度だった。

『風紋25年』という本がある。ハードカバーで三三四ページ、八〇名近い常連客がそれぞれ味のある文章を寄稿し、合わせて店主の林聖子さんが「いとぐるま——母と私——」という四〇ページ近い回想（太宰治と母のことなど）を執筆している。

編集・発行は「風紋二十五年」の本をつくる会で、その七人のメンバーに粕谷さんもぼくも入っている。酒と本の好きなメンバーである。当時すでに数少なくなっていた活版印刷を採用。わが国随一の技術と伝統を保持する精興社に印刷・製本・資材などいっさいを引き受けてもらって、最高の本造りをたのしんだものだ。

発行は一九八六年十二月五日、風紋満二五年にあたる日だ。新聞に大きくとりあげられたりして、たしか増刷したと覚えている。

粕谷さんとぼくは、その五年前一九八一年の「風紋二〇周年記念パーティー」でも共に発起人となり、草月会館に二百数十人が集まった祝いの席では、ぼくが司会をつとめた。

「風紋」本は、実は三冊ある。二冊目は『風紋30年 ALBUM 1961▼1991』で、風紋店内で撮った写真、あちこちへの風紋旅行での写真のほか、常連による座談会が二本など、多彩なページが並んでいる。

三冊目は『風紋五十年』という市販本（発行パブリック・ブレイン、発売星雲社、二〇一二年五月二十一日初版発行）。もちろんこの本にも、粕谷さんもぼくも顔を出している。

粕谷さんとの思い出はたくさんあって書ききれない。『風紋25年』に粕谷さんが書いている「風五題」というエッセーを再読しながら、ぼくが某大学教授となぐりあいの喧嘩をしていたときのことを思い出したりした。となりのカウンター席で粕谷さんがじつに楽しそうに、ぼくにウィンクを送ってくれた。

江戸っ子の精神

作家、自由学園理事長　水木　楊

洒脱、という言葉は、粕谷さんを表すのに良い言葉だった。

たとえばバーのカウンターに居合わせ、議論が白熱したとしよう。粕谷さんは、論理だって諄々と説くわけでもなく、相手をねじ伏せずにおかずとばかり語気鋭く迫るわけでもなく、少々顎を上向きにしながら、問題の本質をさらっと一言で切り取ってみせて姿を消す。

立ち去るわけではない。一瞬の沈黙が訪れ、議論の一幕が終わってしまうのである。

粕谷さんに最初にお会いしたのは、昭和の中ごろ、銀座のとあるバーだった。私の勤める新聞社の上司と、『中央公論』編集長の粕谷さんの通うバーがたまたま同じで、上司に連れられていった私は『中央公論』誌に掲載された或る論文に賛成できず、粕谷さんに噛み付いた。それだけではなく、読者欄に投書までした。若気のいたりである。

時が移り、新宿の文壇バーと呼ばれる「風紋」に、私は一週間に一回は通うようになった。マダムは太宰治の「メリイクリスマス」や「美少女」のモデルになった人で、粕谷さんは彼女とはずっと昔からの馴染みだった。

ただの飲み仲間だけではすまず、十数人で温泉旅行にもでかけるようになり、粕谷さんから可愛がって(?)いただくこととなった。作家として滑り出した私のために、粕谷さんは主要な出版社の編集者を集めて、一夜、会を催してくださったこともあるのだから、本当に可愛がっていただいたのかもしれない。

粕谷さんが嫌いなのは、歴史上のさまざまなできごとを「必然」とか「構造」とかの法則によって解剖してみせる思考方法であろう。マルクス主義による歴史観などは、その典型ではなかろうか。(今日マルクス主義は相当落ち目になったが、私たちはこの「社会科学的な手法」になお相当毒されているのではないか。)

「必然」とか「構造」で歴史を処理するには、粕谷さんは人間に対するあくなき興味と探究心が強すぎた。粕谷さんの作家、詩人、評論家、あるいは政治家に対する人物論は、酒でも入って、くだけた空気になればなるほど冴えわたる。

だから、日本経済新聞社の編集者にお願いして、文壇・論壇裏話の『作家が死ぬと時代が変わる』を書いていただいたほどだ。

粕谷さんの話を聞けば聞くほど、歴史は「構造」だけではなく、人間が作ってきたものであることが、しみじみ実感できるのである。

ダンディだった。茶がかった服装を好む。帽子もなかなかこっていた。泥臭い、汗の匂いのするような権威主義を嫌う、粕谷流ダンディズムは、二本差しが怖くて田楽が食えるか、といった、江戸っ子の粋な精神に裏打ちされていたのではないか。

励ます人

作家　小島英記

粕谷さんは寡黙の人であったが、雄弁に勝る力があった。知の塊ともいうべき存在にジッと観られている、「君、そんなことも知らないのか」と叱られているようで、畏れいってしまうのだ。しかし、粕谷さんは、心のやさしい人であった。

「粕谷といいますが……」

訥々とした感じの電話があったのは、私が日経の記者になったばかりの、四十四年も昔のことだ。中央公論の名編集者が何の用だろうと戸惑った。すると、「お父さんから息子が新聞記者になった、とうかがったので、一度、お会いしたい」と言われた。私の父は伝記作家の小島直記で、その生涯にわたる交遊は、藤原書店から出た『粕谷一希随想集1　忘れえぬ人びと』に詳しい。

そのころの粕谷さんは、中央公論社の大混乱で『中央公論』の編集長を更迭されるなど大変、苦労され、新雑誌の『歴史と人物』の編集長になったばかり。のちに「私のもっとも充実した三年間」といわれたよき時期が始まるころだったらしい。

ご指定は目白駅のそばの喫茶店だった。初印象はずいぶんご年配にみえたが、いま勘定すれば、まだ四十歳であった。それからが大変で、粕谷さんは、ほとんど話をされないのである。私がまた口下手のうえに気圧されて何も言えない。お眼鏡にかなわなかったな、と思ったが、その後はよく飲みに誘われた。

私がなかなか結婚しないのを心配されて、お世話もいただいたが実らなかった。四十手前で結婚するとき、仲人を頼みこんだ。「一度もしたことがないんだ」と困惑されるのを、むりやりお願いした。

私が、無神論者だから「人前結婚」にしますと言うと、びっくりされた。それを機に何度か仲人もされたようだが、いつだったか「神さまに誓った連中より、君の方が長持ちしてるぜ」と笑われたのがおかしかった。

会社を辞めて作家になる。私の重大決意の背中を押されたのが粕谷さんだが、実に厳しい批評家でもあった。それでも、拙著の『強情彦左』では「小説家の体臭が出てきた」、『男の晩節』では「文章は知識ではなく英記(気力)で書くもの」と駄洒落を交えて励まされた。

ライフワークの横井小楠を書き上げたとき、「よく途中で投げ出さなかった。これで御父上と並んだと言えるかもしれない」と褒められたのが嬉しかった。

粕谷さんはチャンバラ好きで、病床では時代劇チャンネルを朝からご覧になっていた。文庫になった『塚原卜伝』をお贈りすると、奥様が「これで元気を出しなさい」と渡されたそうだ。自分の手でお渡しすべきであった。

「醤油組」の天下の戦後を超えて

文芸批評家、都留文科大学教授　新保祐司

五月三十日に月刊誌『中央公論』元編集長の粕谷一希氏が八十四歳で亡くなった。氏は名編集者として知られているが、また、評論家として戦後日本に対する明晰な批評を遺した人でもあった。戦前からの良質な教養を受け継いだ真の知性であったといえるであろう。

氏の著作のうち主要なものを三巻にまとめた『粕谷一希随想集』が今、刊行されている。その編集に協力者として参加した私は、氏の評論のほとんどを改めて読み直してみて、戦後日本の諸問題に対する鋭利な指摘から得るものが多かった。その中でも特に深く心に突き刺さったのは、「醤油組の天下」という寸鉄人を刺す鋭さを持った言葉であった。この寸鉄は、確かに「戦後」

という時代にとどめを刺す力はある。

昭和五十三年の「鶴見俊輔氏への手紙」の中に、「私たち多少下の世代から眺めていますと、戦後の論理には、〝醤油を飲んで徴兵を逃れた〟、いってみれば醤油組の天下といった風潮がありました。『きけわだつみの声』の編集方針も、意識的に反戦学生の声だけが集められました。愚劣な戦争に駆り出されて、無駄な死を強制された。だから、二度とこうした戦争を起させてはならない。もう『僕らは御免だ』、ドイツの戦没学生の手記も訳されて、戦後の反戦感情・反戦運動は盛り上げられてゆきました。それは半面では正当に思われました。けれども微妙なところで、何かエゴイズムの正当化といった作為的な思考のスリカエがあるように思われて、当時から私にはなじめなかったことを記憶しています」と書かれている。

「醤油組」とそれに従った人々によって「戦後の論理」は支配されたのであり、「醤油組」の倫理的問題は、実は心の奥底の単に戦争に行きたくないという「エゴイズム」を「反戦」とか、「平和主義」とかの美辞麗句で「正当化」したことである。行きたくないということを直接的に表明するだけであれば、その人間は卑怯者のエゴイストと指弾されるわけだが、「反国家主義」とか「戦後民主主義」とかを装うことによる「微妙」な「スリカエ」が行われて、さも「正義」の人であるかのように振る舞うという悲喜劇が蔓延したのが、戦後の生ぬるきヒューマニズムの見苦しい風景であった。

晩年の粕谷氏が、「醤油組」とは対極的な生き方をした『戦艦大和ノ最期』の著者、吉田満に深く共感していったのは、「当時から」「なじめなかった」氏としては当然の流れであった。

『随想集』第I巻の巻頭に掲載されたのは、「『戦艦大和ノ最期』初版跋文について」である。GHQ(連合国軍総司令部)の検閲で発禁となったこの名作が漸く世に現れたのは占領が終わってからだ。初版には、吉川英治、小林秀雄、林房雄、河上徹太郎、三島由紀夫が跋文を寄せた。氏は、これらの文学者を「戦後の風潮に同調しなかった人々」と称讃している。氏は五人の跋文を紹介した後、「晩年、吉田満が改めて戦争の記憶に回帰し戦後日本に欠落したものを問いつづけたのも『戦艦大和ノ最期』の作者の十字架であった。飽食のなかで忘却している悲劇の感覚を、もう一度、日本人に喚起したかったからであろう。それに答えうるか否かは、残された者の課題である」と書いている。

この「課題」に今こそ、我々は真摯に対峙しなければならない。「戦後日本に欠落したもの」は、あまりにも多いからである。

かつて私は、或る会で戦後日本の文学作品の中で百年後に残っているのは『戦艦大和ノ最期』だけだと「放言」して会場から呆れられたことがある。確かに極論に違いあるまいが、少なくとも「醬油組」の卑しい精神からの所産に過ぎないものは、日本の精神の本質にとって何の意味もあるまい。

そして、戦後長く続いた「醬油組」の天下は、今や漸く終わろうとしているかに見えるが、集団的自衛権の問題に表れているように未だに根強く日本の社会の中に残っている。「醬油組」の天下を完全に終焉させることは、戦後の日本人の偽善性という倫理的問題を解決することであり、卑怯者の天下ではなく勇者の天下の日本国に改造しなければならない。

私が編者としてまとめた『「海ゆかば」の昭和』に氏からは「敗者の教訓」と題した寄稿文を頂いたが、末尾には「敗者の方が勝者よりも豊かな教訓を得る。日本人はいまこそ二十世紀前半の自民族の悲劇を誇りをもって語りはじめたらよい」と書かれている。歴史認識の問題、あるいは歴史戦というものに立ち向かっていく心構えの根底には、この「誇り」がなければならない。

死してなお、励ます人

読売新聞編集委員　尾崎真理子

粕谷一希著『二十歳にして心朽ちたり』が世に出た一九八〇年、まさに二十歳だった私は、それを読んで記者を志した。試験を受けて新聞社に入り、地方支局等を経て文化部に配属され、著者と対面するまでにほぼ二十年を要した。

その後、何度か取材に訪ね、ある時は四谷荒木町の店で杯をかわした。氏が中央公論社を辞した歳になっていた私は、具体的な目標を定めるよう諭された。奮起して千枚書いた本、『ひみつの王国――評伝 石井桃子』が完成する間際、逝ってしまわれた。病床から、震える文字で激励の葉書も頂戴していた――。

それにしても、なぜ私は旧制第一高等学校の俊英、遠藤麟一朗の華やかな青春と、いち早く朽ち始めたその生涯の実録『二十歳にして……』に、あれほど打たれたのだったか。氏はなぜ、再出発にあたってこの題材を選んだのか。久しぶりに再読すると、抱いていた印象とまるで別の様相が現れ、驚いた。『中央公論』編集長の肩書を潔く脱ぎ去り、謙虚に、地道に取材を重ねるジャーナリスト、いや、その前に一人の誠実な人間像が等身大で迫ってきた。この作品は、粕谷氏自身の肖像だったのである。

七十年近くも昔となった敗戦後の混乱期に、文科エリートたちがあおった文学、哲学の毒。社会に出た彼らがからめ捕られた労使抗争という新たな戦。戦後民主主義、高度成長の機運に同調することを拒んだ、〈常在高貴〉遠藤の悲劇を描きながら、一高の白線帽を被った間だけの真理の探究とは何事か、インテリとは何だと、粕谷氏は自問し続けている。そして、自覚していた以上に私は深い影響を受けていた。一高の寮という〈密室の王国〉〈小宇宙〉。本著に学んだいくつもの言葉を、自分の本の要としていた。

二十歳で読んだ本は古びるどころか、ふたたび新しかった。著者は死してなお、私を励ますのだった。

小さな星の時間

中部大学人文学部教授　小島　亮

私が粕谷先生をはじめて訪問したのは、八〇年代の半ば、当時研究していた一九五六年のハンガリー動乱期の論壇について話を伺うためであった。単行本として上梓された『戦後思潮』を耽読していた私は、一九五五年に中央公論社に入社された先生が、ほぼ同期の佐々淳行氏の論考「私はブダペストの警官になりたくない」を『中央公論』にプロモートされたのではないか、とも推測していた。ところが、話は止まることを知らず、東大の保守主義的学生会「土曜会」の系譜から学生時代に耽読された名著（河合栄治郎、大島康正など）に及び、その後に陸続と現れる著作の予告編に接する贅沢な時間に変貌してしまったのであった。これを機会に何度も雑司ヶ谷にお邪魔したものであった。先生はまったく無名の若輩を許容されたばかりか、私の進めていた研究を中央公論社の平林孝氏にご推挙下さり、実際に中公新書として公刊される幸運を得たのであった。

ところで、この研究は、ハンガリー事件を契機として日本にトロツキズムの系譜とは別種の新左翼が誕生する過程を見極めることも射程に入れていた。このルートを追って私は新左翼系列の出版社を介して高知聡氏に接触し、氏を通じて大池文雄氏というまったく未知の人物を知ることになったのである。大池氏こそ、日本共産党内でハンガリー事件をめぐる論争を果敢に闘い、六〇年に論争社を起こして出版会に旋風を起こすも、時代に先駆け過ぎた預言者の運命を一身に体現し、知識界から去った孤高の人物である。八〇年代にはゴルフ場会社経営に成功されていた大池氏について先生に話すと「小島君、大池さんを私はよく知っているよ。中央公論が嫌になったとき、論争社に一度相談に行ったことがあるんだ」と驚くべき話を始められるではないか！

さて時間はこの会話から四半世紀を閲した二〇一〇年ころに飛ぶ。ベルリンの壁崩壊前夜の東欧に住み始めた私は、一〇年間日本を離れ、雑司ヶ谷に再び参上したのは九〇年代後半であった。九九年から中部大学に奉職し、二〇〇四年から『アリーナ』という雑誌を創刊して編集を一人で行っていた。この雑誌に「若い世代、粕谷一希と語る」（第六号、二〇〇九年）と題して私のもとから巣立って行った若手に話をしていただいた余勢をかって、大池氏を交えた論争社をめぐる座談会を先生に提案した。一度だけ、粕谷先生に誘われて大池氏を訪問したことがあったが、論争社については後世にきちんと伝えるべきであると考えたからであった。これが開米潤氏、小松史生子氏、高橋行雄氏をも交えた「座談会・論争社の時代——幻の出版社、星の時間へ」（『アリーナ』一〇号、二〇一〇年）である。その大池氏も粕谷先生にほぼ半年先立って鬼籍に入られ、おそらくこの座談会の記録は関係者による唯一の記録として後世に残ることになった。

私は自分の著作をもって学恩をお返しすることはできなかったけれど、まことに小さな企画ながら、編集者として先生に「小さな星の時間」を持っていただけたのであった。

「孫」世代から見た粕谷さん

パブリック・ブレイン　山本和之

私が初めて粕谷さんにお会いしたのは、今から十二年ほど前、私が二十二、三歳の頃でした。場所は、新宿にある文壇バー「風紋」。粕谷さんは、マダムの林聖子さんが昭和三十六年に風紋を開店して以来の常連でした。

当時、私は小説家志望のフリーター、粕谷さんとお話しするなんておこがましいと思っていましたが、風紋の皆さんと津軽旅行に行くことになり、それを機に、粕谷さんといろいろ話せるようになりました。旅行中の移動バスで、私は、粕谷さんに、「地方文学賞は、存在の意味があるのでしょうか」という趣旨の質問をしました。その頃、ある文芸評論家が地方文学賞は無意味だ、というような発言をし、それに対して私は疑念を抱いていたからです。すると、粕谷さんは、「無意味ということはないよ。これからは、地方の時代だからね。それに、そういう小さい媒体でもいいから、自分で発信できるメディアを持つことが、これからは重要だ」

と、おっしゃいました。

私はとても励みになり、今でもその粕谷さんのお言葉を信じ、太宰治の書籍や少部数ながらも文学・芸術系のフリーペーパー「Day Art」などを作っています。

今でこそ、ツイッターやフェイスブックなど、個々人が情報発信するツールが当たり前になっていますが、十年前はまだSNS萌芽期でしたから、粕谷さんのお考えは、ある意味では未来を予見していました。同時に、『東京人』を創刊し、ゆかりある豊島区での活動に注力していた粕谷さんならではの地域に重点を置く発想も窺えました。

私は、粕谷さんの現役編集者としての時代を、直接知りません。しかし、粕谷さんはとても人を大事にする方でした。それは、当時フリーターだった私への上下関係に捉われない接し方を見れば、よくわかります（私はそういう粕谷さんに甘えすぎていましたが）。

粕谷さんは私が文学、殊に太宰治を信奉していたことから、よく文学の話をしてくださいました。プライベートでは書や俳句もなさり、晩年には萩原朔太郎について書きたい、とおっしゃっていました。私は、粕谷さんはどこか文学に憧れのようなものを抱いていたのでは、と思うのですが、それは私の都合のいい解釈かもしれません。

年齢は祖父と孫ほどの違いがありますが、私は同時代に、粕谷さんと出会えたことを誇りに思っていますし、生涯、そのご恩を忘れません。そのためには、私は先の粕谷さんのご助言に従い、粕谷一希という一流かつ、老舗企業のように「伝統」と「革新」をバランスしていた編集者について、次世代に伝えていきたいと、勝手ながら思っています。本当にありがとうございました。

「一切の政治は厭」という言葉の重み

（株）読書人社長　植田康夫

五月三十日に亡くなられた粕谷一希氏は、二〇〇六年に『作家が死ぬと時代が変わる――戦後日本と雑誌ジャーナリズム』（日本経済新聞社）という著書を刊行されている。

そのとき、インタビューをさせていただき、同年十二月一日号の『週刊読書人』一・二面に掲載したが、本書のメインタイトルは、粕谷氏が在社時代の中央公論社社長だった嶋中鵬二氏が使った言葉である。

インタビューで、粕谷氏はこの言葉について「非常に実感しますね」と語り、「嶋中さんから学んだことの一つ」だと告白し、作家が死ぬと言っても「一番大きいのは自殺」だと言った。有島武郎、芥川龍之介、太宰治らの自殺は「明らかに時代を変えるというか、シンボルになる」というのが、粕谷氏の考えである。そんな思いを著書の題名にした粕谷氏は、インタビューで、学生時代に土曜会というグループで雑誌を編集した時のことを、こう語った。

「あの時も、お前に任せると言われたからやってみたんです。僕は一切の政治は右であれ、左であれ厭だと思っていましたからね。要するに政治と関係ない人生を送ろうと思っていたから、もし雑誌をやらせてやると言われなかったら会に入る気はなかった」。一切の政治は厭だと言う粕谷氏は、戦後の思想にも厳しい批判をしていた。

「戦争中の新聞や軍人の言うことはでたらめ極まりなかったけど、占領軍及びそれに同調する連中の言うことが簡単に信じられるのかということですよね。時代の風潮の中で使われる言葉というのはインチキ臭いんですよね」。

そう語る粕谷氏には、他にもいろいろな著書があるが『中央公論社と私』（文藝春秋）もその一冊である。「第一部　回想」「第二部　修羅と愛惜」の二部構成になっており、第一部は中央公論社への入社から『中央公論』編集次長になるまでを回想し、第二部は中央公論社を辞めるまでの経緯を書いている。

読んでいて、痛切な感じになるのは第二部である。『中央公論』が深沢七郎の「風流夢譚」を掲載し、皇室に関連する描写に抗議した右翼少年が嶋中社長邸を襲い、社長夫人が重傷を負い、お手伝いさんが亡くなる事件が起きて以後、中央公論社が衰退してゆく様子を描く。

第二部では、社内での労使対決の過程で、嶋中社長が辞任演説をしながら、会長として留まると述べ、幹部には「なぜ君らは辞任を思い止まるようにと慰留しないんだ」と叱ったという事実も紹介されている。そのとき、粕谷氏は入社以来の社長への敬意が自分の内から去ってゆくのを覚えた。

そして粕谷氏にも社員から編集長辞任を迫られるという事件が起き、社長から、編集長は辞任しても、一部員として編集部に留まりたいと書いた封筒を渡され、参考にするようにと言われる。そのことについて、社長から電話があったとき、粕谷氏は社長に鬱積した想いを爆発させた。

「あなたは馬鹿だ。クビにしたければ解任すればよい。自分が悪者になりたくないからといって、部長たちに意見を強制するなどは会社の人事できいたこともない。大体、大衆団交での社長辞任演説自体が茶番ではないですか（略）」。

伝統ある総合誌の出版社にも、すさまじい葛藤があったのである。

「節操」重んじた言論人

法政大学教授、毎日新聞客員編集委員　奥　武則

印象的な光景を思い出す。

一九八八年八月十二日、東京・新宿の四谷霊廟で、清水幾太郎氏の密葬があった。「進歩的文化人」の一人として活躍し、後に思想的に大きく「右旋回」した人である。

一般会葬者の中に、丸山眞男氏の姿があった。清水氏とは対照的に一貫して「戦後民主主義」の理念を手放すことはなかった人である。

「右旋回」後の友人・知人が埋めた式場の外に一人たたずむ丸山氏に粕谷一希さんが近づいた。ひつぎを見送ると、雨が落ちてきた。「車を拾いますか」。粕谷さんの口がそんなふうに動き、二人は肩を並べて歩き出した。

九五年四月から週一回、五〇回にわたって『毎日新聞』で「岩波書店と文藝春秋――戦後五〇年　日本人は何を考えてきたのか」を連載した。親しくお話しする機会を得たのは、この企画の担当者としてであった。三回寄稿していただいた。「衝撃の丸山論文『超国家主義の論理と心理』」、「坂口安吾――『堕落論』の時代」、「清水幾太郎――知的触覚の人」が、各回のタイトルである。『世界』と『文藝春秋』という二つの総合雑誌を軸にした企画だったから、元『中央公論』編集長である粕谷さんへの原稿依頼は少しためらいがあった。しかし、粕谷さんは「『中央公論』も忘れてもらっちゃ困るなあ」と言いながらも快く執筆してくれた。

丸山論文に関する寄稿で、粕谷さんは「私は編集者として丸山眞男氏に『敬意と共に異論』を称《とな》えてきたのだが……」と書かれている。清水氏の回では、「また大衆をアジることはやめてほしい」と、「右旋回」後の本人に直接言ったことが記されている。

粕谷さんは何よりも「節操」を大切にする言論人だった。

「文化芸術創造都市」を支えた編集力

豊島区長　高野之夫

初めて粕谷先生の御宅にお邪魔した日のことは、昨日のことのように覚えています。家中を蔵書が占めていました。私はもともと地元・池袋で古書店を営んでいたので、御宅にある稀覯本の数々を拝見して、「商売ができる」と思ってしまったほどです。何か、先生のすべてを拝見したような気がいたしました。

といってもその日――平成十三年の春、私は重大な使命を抱いて粕谷宅に伺いました。平成十一年に区長に就任しましたが、豊島区はすでに財政危機に直面していました。緊縮予算に取り組む一方で、池袋のまち、そして豊島区の魅力を開花させるにはどうしたらいいか――そう思い悩んでいたとき、建築設計プランナーの故宇田川達生氏から、「雑司ヶ谷には粕谷一希氏がいる。文化人に指導を仰いでは」とご提案いただいたのです。

さっそくご連絡して、粕谷宅へお邪魔しました。先生はじっと私たちの話を聞き、こうおっしゃいました。

「まずは地域の文化を調べてはどうか。さらには町中にいる面白い人、才能ある人を探してみようじゃないか。居酒屋での放談会を定期的にやってみよう」と。まさに先生が『中央公論』や『東京人』で取り組まれてきた編集者としての姿勢を、区の文化政策で具体化できると教えてくださったのです。

「ふるさと豊島を想う会」と命名され、以後十年間で五十回以上、講師と話題を変えて居酒屋談義を繰り広げました。先生の大学の同級生で、著名な演劇評論家・東大名誉教授であり、東京芸術劇場館長をされていた小田島雄志先生をはじめ、立教大学総長やジュンク堂書店社長ほか地元の方々が集まり、いつのまにかそれぞれが文化的活動に取り組むことで、息吹が町中に広がっていったのです。

区の体制も、文化行政に取り組む職員がたった二名だったのを、六十八名にまで増やしました。粕谷先生には豊島区参与・図書館行政政策顧問に就任いただき、平成十九年新設の中央図書館へのアドバイスをいただきました。「図書館はサービスの提供にとどまらず、本当の読書人を生み出す場であり、そのために東京中の面白い人、才能ある人が往来する場をめざそう」との信念のもと、平成二十年に画期的な「図書館サミット」を開いてくださいました。国立国会図書館長の長尾真氏はじめ、作家の澤地久枝氏、印刷博物館長の樺山紘一氏など錚々たる文化人が登壇されたのも、粕谷先生の人脈でした。

また小田島先生にも芸術顧問に就任していただき、平成十九年新設の劇場「あうるすぽっと」

へのアドバイスをいただきました。そのほかさまざまな活動が認められ、区は平成二十一年「文化芸術創造都市部門」の文化庁長官表彰を受けたのです。

私も古本屋でしたから、粕谷先生の会話に出てくる著名人と著書名はだいたい結びつきます。その人脈の広さと豊かさに、いつも感心していました。先生は「人脈の億万長者」でした。

先生亡き後も「文化によるまちづくり」の精神を忘れずに、壮大な構想を練っています。平成二十七年五月にオープンする区の新庁舎は、「まるごとミュージアム」と銘打って回廊美術館のスペースを設けています。なんと日本初の国際公募展「アートオリンピア」の会場になることも決まりました。日本を代表するカルチャーを集結して世界へ発信する「国際アートカルチャー都市構想」も練っているところです。

さらには、粕谷先生が生まれ育ったまち「雑司ヶ谷」を、ユネスコの未来遺産に申請しました。兼ねてから「雑司ヶ谷というせっかくの地名を『南池袋』に変えてけしからん」とお叱りを受けていましたが（笑）、先生のおかげで、まちの魅力が改めて見直されるようになりました。サンシャインシティなどの大都会と好対照に、雑司ヶ谷霊園の自然や鬼子母神などの古き良き街並みを、断じて守っていきます。

評論　文彩の奥に詩精神

豊島区図書館専門研究員　水谷千尋

二十年程以前から十年間近く粕谷家で編集者・放送映画人・建築家の碁会が開かれた。粕谷さんが名づけて「日暮会」、その心は「日暮れて道遠し」、「各々の行路はなお遠い」であった。道半ば、粕谷さんの江戸っ子の一面、談論風発の車座、奥さまのおもてなしでビール乾杯、丹精のご馳走を遠慮なく頂き、賑やかな話題が縦横に走った。

粕谷さんの碁風は、直観的で早いリズム、実はこれが曲者、途中から急に強くなって、あっと言う間に惨敗してしまう。これが粕谷さんの詩的感覚の発露と悟ったのは後のこと、碁盤上で眼に見えぬ水面下の事象の関係性全体の動きを見抜き、表裏二重の表現をする詩人魂の表現力が働いていたのである。

粕谷さんには、俳号小宵幸子夫人との共著句集『ぎんなん』がある。俳号閑居、刊行以前にうかがった作品が発句にあった。

仁王門焼け失せしあとの桜かな

昭和二十年四月十三日、豊島大空襲火下、焼け落ちた雑司ヶ谷法明寺山門、門前の桜並木が芽吹いて咲きにおう体験的情景と、仁王門と桜、日本文化二大シンボルの対比と深大な時間の隔たりを二重にうたっている。

昭和四十年代、イデオロギー全盛時代『中央公論』編集長として奮闘、現実主義の論陣をうち立て大きな業績を挙げながら苛烈な日々、それを退いて閑居し、筆硯を潤した。単行本第一作は一高文芸誌同人遠藤麟一朗伝で、タイトルは中唐天才詩人李賀の詩句「二十歳にして心朽ちたり」、詩人魂を複雑に表現していった「エンリン」の人生行路を共感豊かに語り、同時に『世代』同人像と戦争直後の時代相を叙述した。第二作は、高杉晋作遊記、『面白きこともなき世を面白く』、奇兵隊と都々逸口三味線、横溢する詩人魂と夭折の奇才を描いた。『鎮魂　吉田満とその時代』は学徒出陣吉田士官による戦艦大和沖縄戦、漢語の調べ美しい長編叙事詩であり、艦上分隊長ながら詩人で在り続ける主人公の心情を語った。

江戸っ子粕谷さんは戊辰戦争で敗れた江戸士民に肩入れしていた。維新後の風刺家、元幕府奥儒官成島柳北、上野戦争敗残武士後に吉原幇間、戦死者墓守松廼家露八、江戸人情噺家三遊亭圓朝各々は鬱勃たる詩魂を心底に湛える。

粕谷さんは「自分は哲学青年だった」と、愛読書に波多野精一著『時と永遠』を取り上げた。「不可視な事象の関係性全体の動き」について、波多野は時間の方向性を直観し哲学する。同じ京都学派内藤湖南、西田幾多郎、唐木順三も鋭い詩的直観の主、彼らの思策内容に琴線を震わせ大著を著した。

書斎では、眼に見えぬ光線を見据えるレンブラント晩年の自画像に惹かれ、萩原朔太郎のアフォリズム「虚妄の正義」を揮毫した。豊島区図書館活動を手伝う合間、顧問粕谷さんの日常会話には、揺るぎない洞察から社会現象や人間行動へのアフォリズムが頻発した。次には朔太郎論か、「君、今度朔太郎の前橋へ行ってみようよ」……これが最後の言葉であった。

粕谷先生と鈴木都政の〝文化黄金期〟

元東京都副知事　眞仁田　勉

鈴木俊一元知事（昭和五十四～平成七年就任）は「財政再建」を至上命題とするとともに、「マイタウン東京」構想の下、「安心して住めるまち」「いきいきと暮らせるまち」「ふるさとと呼べるまち」の実現を公約して就任しました。時をおかず具体的な政策検討の審議会が設けられた一方、庁内の組織改革が実施されました。

目玉は、都道府県で初めて、教育委員会のほか、知事部局（知事直轄の局）においても文化行政を行うために「生活文化局」を設置（昭和五十五年）したことです。「行政の文化化、国際化」が叫ばれていた時代を背景に、私どもは知事の文化行政への強い意欲を感じたものです。

次いで、財団法人東京都文化振興会（現東京都歴史文化財団）を設置（昭和五十七年）します。これは、「文化の創造、評価などは、有識者を集め、民間の協力を得て展開すべきで、行政は直接行わず支援する形が良い」との考えによっています。例えば在野の音楽家の活動を支援したり、在京の情報誌として「ふれあいマガジン」の発行などを行うこととしました。しかしこの情報誌が大方の不評をかい、議会などでも問題にされたこともあって、改めて有識者の意見を聞くべく芦原義信氏（建築家）をはじめ、小木新造氏（近世史学者、江戸東京博物館二代目館長）、そして元『中央公論』編集長の粕谷先生に議論をしていただいたのです。

この会合で、粕谷先生がこう話されたと聞いております。「アメリカには『ニューヨーカー』がある。自分はかねてから、東京にも質の高い情報誌があってもいいと思っていた。名前は『東京人』がいい」。その場の皆が賛同して、編集長は粕谷氏がふさわしいとの話にまとまりました。

鈴木知事に了解をとるため、粕谷先生の著書を数冊お持ちして説明すると、鈴木さんは粕谷先生に強く関心を持たれ、即決してくださいました。

こうして『東京人』が創刊（昭和六十一年）されました。粕谷編集長のもと順調に発展し、川本三郎氏、陣内秀信氏、森まゆみ氏など一流の作家が次々と育ち、レベルの高い筆者が多く執筆されました。

平成五年には江戸東京博物館が開館します。常設・企画展の充実はもちろん、大変好評を博したのが「江戸東京自由大学」(平成元年開始)です。毎年「江戸と上方」ほか多彩なテーマのもと、数多くの識者による講義が開かれました。定員オーバーで受講できないとの苦情が多く寄せられたことを思い出します。この企画は挙げて粕谷先生で、博識と人脈が十分に活かされたものと思っています。

粕谷先生と鈴木知事とは、数々のエピソードがあります。新宿副都心に新都庁舎(平成二年竣工)の建設中、「知事室に大理石の浴室がある」と、週刊誌に書かれたことがありました。都庁側も、記者クラブに所属していない記者の執筆で、対応に困っていたんです。そこで私は知事に「粕谷先生の意見を聞いてみては」と提案しました。知事は即座に「文化人による文化的な判断を仰ぐのだな」と理解されました。そのとき粕谷先生は「記者クラブだけが直接取材できる環境を改めて、誰でも参加できるように都庁外の場所で説明会を開き、現場を実際に見せなさい」と指摘してくださったのです。さっそくその通りに実行したら、すぐに騒ぎが収束しました。知事はこのことを大変感謝していました。

昭和六十年には東京・ニューヨーク姉妹都市提携二十五周年の行事があり、粕谷先生には代表でニューヨークへ行っていただきました。その際、『ニューヨーカー』編集長ショーン氏の講演と対談が実現(『東京人』新春第五号)しました。ニューヨーク市副市長から「すばらしい企画だった」

と喜ばれたことを思い出します。

その後先生は「都政史研究会」を立ち上げ、最終的に『シリーズ 東京を考える』（全五巻、都市出版刊）に結実します。その時先生が集めた人材は、京都大学の村松岐夫先生を筆頭に、御厨貴先生、神野直彦先生など、超一流の学者ばかりでした。その人脈の豊かさと、視野の広さに感心したものです。その成果が少なからず都政に影響を与えたのも事実です。

都はその後、財政的な理由で『東京人』への委託廃止を決めます。あの時私は退庁していましたが、当時の者にもっと丁寧に引き継げばよかったと反省しています。目を覆いたくなるメディアも多い中、一流の人がペンをふるう雑誌は貴重です。

行政には、「知らないこと」がたくさんあります。深い教養の上に立ち、知性を磨いた人だけが到達できる世界がある。そういう粕谷先生のような方と、鈴木知事が出会ったあの時、都政で一番文化行政が花開いたあの瞬間に、居合わすことのできた私は幸せでした。

大いなる文化人を失った

明治大学大学院教授、元東京都副知事　青山　佾

粕谷一希さんと初めてお目にかかったのは、一九八六年、雑誌『東京人』創刊のころのことである。粕谷さんは東京を論じる雑誌をつくりたかった。東京論が盛んなころのことである。私の勤務していた東京都は、鈴木俊一知事の肝煎りで、東京の文化を発信する雑誌をつくりたかった。両者の志が一致して、協力し合って雑誌を発刊しようということになった。

これは文化活動だから、行政である東京都は、編集内容に口を出すことはしてはならないし、すべきではない。しかし都民から預かった税金を支出する以上は、いろいろな条件をあらかじめつけざるを得ない。文化活動の自立性と行政の税の支出の妥当性をいかに調和させるか。

当時、このプロジェクトを担当する生活文化局の企画課長、計理課長、総務課長を歴任した私は粕谷さんと長期間にわたって激しく議論を重ねた。最初は季刊、次いで隔月刊、さらには隔月刊と臨時増刊号の組み合わせ、そして結局は月刊という段階を踏んだのは、いわば妥協の産物であったし、双方の知恵でもあった。

あれから三十年近く経って、『東京人』は東京都の財政支援から脱して独力で発行し続けている。東京の文化発信誌として確かな位置に立っている。粕谷さんの編集者としての炯眼と手腕を示しているといえるだろう。

ニューヨークで発行されている雑誌『ニューヨーカー』よりもう少し歴史的視点が色濃く入っていて、ニュース性よりも掘り下げを重視する、しかし読者の知的な楽しみを好む傾向と共に歩むという文化性では『ニューヨーカー』と共に歩む、というのが当時の『東京人』のスタンスだったと思うが、これは結局、二十一世紀の今日にも通用するコンセプトだったと思う。

この数年は、後藤新平の会の活動に加えて、粕谷さんがチャールズ・オースティン・ビーアドの勉強会を主宰してくださったので、藤原書店でたびたびご指導を得る機会に恵まれた。近年の粕谷さんは作家としての活動に専念しておられて、世間では作家と受け取られている。それはそれでもちろん正しいが、私は、粕谷さんは、『中央公論』時代から『東京人』時代を通じて名編集者であったことによって日本の文化の発展にとても貢献したと思う。

日本の多くの言論人が粕谷さんと議論して自己の見解を磨き、粕谷さんを通じて他の知識人と知り合うことができた。そういう知の拠点としての役割を粕谷さんは果たしていた。

粕谷さんの『生きる言葉』（藤原書店）のなかに九鬼周造の言葉を引用して「粋」という言葉には「意地っ張り」という意味が含まれると記されている。かなり勝手に要約すると「粋」とは「洗練されて意地っ張りで魅力的」といったことになろうか。

だとすると、「粋」はまさに粕谷さんその人に当てはまる言葉ではないか。『東京人』の創刊当時の粕谷さんとの議論を思い出して、いま、改めてそう思う。あのころ私たちは、『東京人』のあり方をめぐって互いに決して譲ることなく果てしない議論を続けていた。その議論を通じて私は文化に対する行政の基本的な関わり方を学んだ。

私はこの『生きる言葉』の本を粕谷さんの奥様から頂いた。きっと長く連れ添った奥様も粕谷さんのことを粋な人と評価しているのだと私は感じた。

粕谷さんの生前に企画された『粕谷一希随想集』全三巻（藤原書店）の刊行を知って私が予約購読の申し込みの手続きをした翌日、私は粕谷さんの訃報に接した。

虫の知らせというのを私は信じないが、粕谷さんは粋な人だから、きっと逝くときも発信を続けたのではないか。いや、これからも空から私たちに議論をしかけてくるのではないか。それを期待したい。そういう希望を持たせるのが粕谷さんだ。

私たちは今日の日本から大いなる文化人を失った。しかし粕谷さんの残した作品と粋な言動の数々からこれからも学び続けたいと思う。

多くを教えていただいた――冥福を祈る

JR東日本顧問　松田昌士

粕谷さんにお目にかかり、お話しをさせていただいたのは、後藤新平の会であった。しかし、私は長い間粕谷さんのファンであった。それは、北海道総合研究調査会の発行する『しゃりばり』という変った名前の冊子に長く巻頭言をお書きになっておられたからである。

見開き一頁を通例としていたが、急に半頁になった。体調が悪いのではと心配していた。いま更、私が言うまでもなく、名文であり、的確な表現は実に勉強になった。数十年前、北大法学研究科に進んだ私は、短文練習をさせられて苦労したものである。

その後国鉄に入って、国会答弁を書かされた時、時の常務に呼ばれて、君の文章は明快すぎると文句を言われたことがある。粕谷さんの「考える人間はいつも独創的でなければいけない」という一句を想い出して、先生を偲んでいる。

お世話になりました。ご冥福を祈ります。

深き叡知と他者への愛

読売新聞特別編集委員　橋本五郎

お通夜からの帰り道、「ご挨拶」と書かれた封筒を開き、深い感慨を覚えました。そこには亡き夫に対する妻の万感の思いが綴られていました。

〈うずたかく積み上げた本の真ん中に座って自分を語るような一生でございました。一人のジャーナリストとして偏愛ともとれる情熱で新しい才能に執着をして参りましたが、それは仕事人間と申しますより、人間の能力に対する追求と称賛ではなかったかと思っております。

私ども家族は、一希との距離にもどかしさを感じながらも、それぞれが自分の中で一希像を作り上げ、これでよしとして付き合い続けて参りました〉

雑誌『中央公論』の編集長として名を馳せ、評論家として数多くの評伝を残した粕谷一希さんは五月三十日、八四年の生涯を終えられました。

幸子夫人の文章には、夫の為した仕事に対する尊敬の気持ちがあります。決して平坦ではなかった人生を共に歩んできた同志としての複雑な思いも込められているように思いました。

政治学の永井陽之助、国際政治の高坂正堯、『ローマ人の物語』の塩野七生、劇作家の山崎正和……。粕谷さんが発掘、世に出した〝駿馬《しゅんめ》〟は枚挙にいとまがありません。

粕谷さんは、哲学への深い理解と確固たる歴史観に裏打ちされた思想家でもありました。それは奇しくも亡くなられた日が発行日となった『粕谷一希随想集Ⅰ　忘れえぬ人びと』（藤原書店）に凝縮されています。

粕谷さんの本領のひとつは人物論にありました。それも対比の妙にありました。「小林秀雄と丸山眞男」「保田與重郎と竹内好」「花田清輝と福田恆存」「安岡正篤と林達夫」……。私たちは「対比列伝」を読むことによって、偉大な先達をめぐる人と時代と思想の意味を知ることができました。

粕谷さんは若い才能を愛しました。永井陽之助の『平和の代償』三部作についてこう書いています。

〈その圧倒的迫力は、湧き上るような情念と厳密な思索力に基き、アメリカに関する新鮮で高度な情報、アメリカ学界の最高峰に触発された方法論に貫かれており、私自身、知的昂奮、いや全身がしびれるような昂奮に包まれたのであった〉

粕谷さんには戦後の支配的風潮への強い懐疑がありました。

なぜ国のために亡くなった人に道義的評価を与えないのか。太平洋戦争は帝国主義戦争の一面をもっていたが、明治維新で成立した近代国民国家の延長としての戦争でもあった。

祖国存亡の危機に際し青年たちが身命を賭したのは、軍国主義のためでも帝国主義のためでもなく、共同体としての民族のための死ではなかったか。

吉田満の『戦艦大和ノ最期』が永遠に感動を呼び起こすのは戦士の美徳を真摯に描いているからであり、それが民族敗亡の美学たりえているからだ。

そう思う粕谷さんは個人主義的人格主義に強い違和感をもっていました。『宗教哲学』『時と永遠』などで愛としての他者実現を目指すべきであると説いた哲学者波多野精一に出会い、安らぎを覚えるのでした。

『随想集』出版にあたっての粕谷さんの言葉は、コラムを書いている身としてはこたえます。

〈学問が体系的思考だとすれば、メディアはコラムを単位に艶やかな伸び伸びとした文筆が第一である〉

私もそうありたいと思ってきましたが、まだまだ「道遠し」だからです。でも、わが身を振り返りながら、次の情景だけは粕谷さんと似ているようで、たまらなく親近感を覚えます。

〈私の生涯は本に明けくれてしまった。東畑精一さんのことば「読書とは読むものでなく持つものだ」をよいことに、玄関から書斎から、廊下、物置まで本に埋まっている〉

それにしても、人を語ることは自分を語ることであるとつくづく思います。

「人間は多くの人々の目を気にするよりも、一人の人の目を怖れなければならない。林達夫は多くの知識人がその目を怖れた存在であった」

「ジャーナリストとして生きて来られた松本重治氏の姿勢には、学者とは異なった繊細な包容力と侠気《きょうき》と野性味すらが感得される。逆に政治家や財界人とは異なった〝知性の尊重〟と客観性への節度がある」

そのまま粕谷さんに当てはまるように思います。私にとって粕谷さんは仰ぎ見る高峰です。

「声低く」語られた叡智の言葉——『粕谷一希随想集Ⅰ』解説

文芸批評家、都留文科大学教授　新保祐司

戦前の思想という錘《おもり》

粕谷一希氏は、一般には、総合雑誌の月刊『中央公論』の名編集長だった人として知られているであろう。四十八歳で退社した後も、『アステイオン』や『東京人』の編集長であったが、一方すぐれた人物論や歴史評論、そして鋭利な時代批評を書く評論家でもある。

編集者として、特に中央公論社から出ていた『中央公論』『歴史と人物』『中央公論経営問題』のような雑誌の編集者として生きたことの「幸福」については、本巻に収める「中山伊知郎と東畑精一」の冒頭に、「編集者として、とくに中央公論社のような伝統と格式のある出版社で半生を送ったことの幸福は、なんといっても、すぐれた文人や学者を間近に眺めることができたこと、その方々のある人々と、ささやかな会話を交わして直接、接することができたことであった」と書かれている通りであろう。

昭和五年に生まれ、今年（二〇一四年）八十四歳を迎えた粕谷氏は、この「幸福」の中で、さまざまな人物を肉眼で見、その声を聞き、その著作を読むことで、人間の真贋を確認したのである。また、時代の状況を雑誌の編集という現場で把握したのである。だから、晩年の粕谷氏には、何か「賢者」といった風が感じられる。知識人や学者は、戦後の日本では事欠かないが、「賢者」という印象を与える人は少ない。学問がますます専門化したことや人間が矮小化したことなども関係しているかもしれないが、粕谷氏は、本と研究室の中に頭を突っ込んでいる「大学知識人」などにはならず、その知性を常に生《なま》の人間と時代の現実にぶつけていることで鍛えあげたのである。今や、「翁」のような風格が出て、その言説には、深い叡智といったものさえ感じられるに至っている。それは、この三月に出た『生きる言葉』などによく滲み出ている。

それと、氏に「賢者」の風を体得せしめたものは、氏の戦後という時代との関係である。もう少し詳しくいえば戦後の軽薄な時代思潮に対する決して同調しない態度である。そして、それと裏腹の関係にあるが、戦前の思想に対する深い敬意と造詣である。それは、「京都学派」に対する評価にもうかがえる。

粕谷氏にとって、西洋史学の鈴木成高はとても重要な存在だが、その鈴木について書いた「鈴木成高と歴史的世界」の冒頭で、戦後の歴史学はマルクス史学の強い影響下にあったが、その退潮でやっと自由な発想が出て来たことを喜んでいると書いた上で、長い戦後の不自由な時代に自分は、「隠れキリシタン」ならぬ「隠れ非マルクス主義者」として生きてきたように思うと振り返っている。

「マルクス主義」が圧倒的であった日本の戦後の言論の中では、編集者としては「隠れ非マルクス主義者」として生きるしかなかったであろう。しかし、この時代思潮との距離が、時代の言説に埋没することなく、粕谷氏の言説を筋が通ったものとしたのであり、時流に左右されずに、「賢者」の趣を得さしめたのである。

それと、第Ⅱ巻に収録される河合栄治郎や和辻哲郎、あるいは九鬼周造などについての文章からもうかがわれるように、戦前の思想家についての理解と愛情の深さが、戦後の価値観にとらわれた戦後知識人と粕谷氏とが一線を画すところである。氏は前述したように、昭和五年生まれだが、同世代の文学者や学者が戦後の時代思潮に色濃く同調していったのとは違って、戦前の思想の錘《おもり》がかなり氏の思索には作用しているように思われる。これが、氏の思想を戦後の華やかな活躍をした言論人たちに比べて、一見鈍重に見せる要素であるが、今日になってみれば、時代の風に吹き飛ばされてしまった流行の言論よりも、錘による重厚さが伴っているのである。

随想という方法

ここで、印象主義的な批評をするならば、粕谷氏の顔は、随分前から、私には栗本鋤雲《じょうん》に似ているように感じられていた。筑摩書房の明治文学全集の第4巻『成島柳北　服部撫松　栗本鋤雲』の口絵にある鋤雲の肖像は、鋤雲といえばこの写真なのだが、これを見たときから、そう感じた。栗本鋤雲は、幕府の医官の子であり、江戸っ子である。幕末には外国奉行、勘定奉行となり、遣仏使節としてフランスに赴き、パリに九ヵ月滞在したが、維新の変革のために、急遽帰国した。この幕末維新期の鋤雲は、島崎藤村の『夜明け前』の中に、「喜多村瑞見」という名で登場している。若き日に晩年の鋤雲を訪ねた藤村によって、鋤雲の人となりが活写されている。

幕府瓦解とともに節を守って、帰農して小石川大塚に隠居した。時に鋤雲、四十七歳。粕谷氏が東京都立五中（現・小石川高校）出身であり、鋤雲の引退した年齢が粕谷氏が中央公論社を退社した年と近いのも何か不思議な気がする。栗本鋤雲は、明治七年に、報知新聞社に聘せられ、主筆となる。名文をもって知られ、『暁窓追録』などの著作がある。後半生の鋤雲も粕谷氏と同じくジャーナリストとして生きたともいえるであろう。そういう意味で、近代日本におけるジャーナリストの系譜を考えるならば、粕谷氏は、池辺三山、滝田樗陰、徳富蘇峰などにつながる存在であるといえるのである。

鋤雲は、自らを「白髪の遺臣」と称した。幕府の遺臣ということであるが、単なる幕府という政権の遺臣というよりも、それを超えて江戸文明の真髄の遺臣という意味合いがあるように感じられる。粕谷氏には、「賢者」の風があると先にいったが、粕谷氏には、「遺臣」らしさも漂っている。何の遺臣なのであろうか。日本の近代の戦前まで続いていた、良質な教養の伝統の遺臣のように感じられるのである。粕谷氏の戦後の、特に退社した後からの日本に対する思いには、鋤雲が明治に対して思っていたものと近いものがあるといえるのではないか。透徹した眼力とともに深い諦念も感じられるのである。栗本鋤雲翁という意味で、粕谷一希翁と呼びたい気がする。

そして、「節を守る」ということが、氏の人物論の要になっていることはいうまでもあるまい。

こういう粕谷氏のような人間によって、随想というジャンルは、はじめて書かれうるのである。今日、随想が書ける人は少なくなった。随想は、随筆、あるいは現在本来の意味を失ってエッセイと呼ばれている雑文とは本質的に違うのである。味も素っ気もない学術論文とたわいもない雑文があふれている現在では、折々の事象や様々な思想に触発されて、即興的に文章を創造する随想という形式は極めて稀になった。しかし、日本語の文章で思想、あるいは哲学を語れるのは、この随想という形式であるようにも思われる。粕谷氏の文章を集めたものを、あえて「随想集」と銘打った所以である。

この随想という方法の冴えをよく示しているのは、一群の対比列伝であろう。小林秀雄と丸山真男、安岡正篤と林達夫、東畑精一と今西錦司といった対比の妙は、読む者をして唸らせるものがある。こういう組合わせを思いつくには、深く広い教養を要するのである。特に一高時代に同級生だった安岡と林の対比は、戦後の知識人の通念の虚を突くもので、この対比を粕谷氏は「一見奇異な挙」といっているが、それをあえてやったのは、二人を「バラバラに受容している現代日本の思想と社会の側に」問題があると考えるからだとしている。そういう「〝知〞の社会的構造」が戦後思想の欠陥なのである。そして、粕谷氏は、「現在必要なことは、二人の思想家を同一の舞台に乗せ、そこで描き出される思想的風景を眺めることで、われわれ自体の内なるドラマを喚起することではないか」と問うている。

「悲劇の感覚」

粕谷氏の戦後に対する疑惑は、『戦艦大和ノ最期』の吉田満に対する深い共感となってあらわれている。本巻の巻頭に収められた「『戦艦大和ノ最期』初版跋文について」は、『戦艦大和ノ最期』の初版が昭和二十七年八月三十日創元社から刊行されたときに付された五人の跋文について書いたものである。『吉田満著作集』全二巻が文藝春秋から発行されたのは、吉田満の死（昭和五十四年、五十六歳）の七年後の昭和六十一年のことであったが、上巻の月報には、この五人、吉川英治、小林秀雄、林房雄、河上徹太郎、三島由紀夫の初版に寄せられた跋文が再録され、最後にこの粕谷氏の「初版跋文について」が載っている。この文章の冒頭に、次のように書かれている。

『戦艦大和ノ最期』が陽の眼を見たのは、占領が終ってからである。そしてその初版に寄せられた諸氏の跋文ほど、当時の文壇、ジャーナリズム、そして日本人の精神状況を逆照射しているものはないであろう。

今日の若い人々には信じられないほど、敗戦と占領に直面した日本人は、打ちひしがれ、卑屈になり、自己崩壊を起こしていた。

戦時下に逼塞していた社会主義者たちは、反対に居丈高になり、時節到来を軽信した。戦時下に大勢に便乗した人々が、ふたたび戦後の時世に便乗して右往左往した。

そうしたなかで、ここに跋文を寄せられた人々は、戦後の風潮に同調しなかった人々であり、自らの生を生き抜いた人々である。そして吉田満という存在、『戦艦大和ノ最期』という作品が、この人々と響き合っていることが、巧まぬ暗合であり、日本人がアイデンティティを貫いて生きることの意味を、豊かに語りかけているのである。

そして、吉川英治と小林秀雄の跋文を紹介した後で、次のように粕谷氏は「悲劇の感覚」という重要な言葉を提出している。

昭和に生きた人々、とくに差し迫った国難を所与として生きた戦中派の人々に、他にどのような生き方がありえたろう。『戦艦大和ノ最期』の記録が永遠に感動を呼びおこすのは、戦士の美徳を真摯に描いているからであり、それが民族敗亡の美学たりえているからである。『平家物語』は平家一門の盛衰を描いた物語である。清盛の傲りは一族を滅ぼした。しかし、重盛や維盛の姿があって、ひとびとはその滅亡に涙する。「海の底にも都はあり申そうぞ」との一句に胸を衝かれる。

帝国日本もまた自らの傲りによって自滅した。しかし、その中にも美しく見事に生き、死んだ人々の存在を確認することなしに、悲劇の感覚は生れない。大日本帝国の暗部を告発することは、日本人の自省のために必要であった。しかし、その栄光と美学を確認することなしに、その時代の鎮魂は果たされない。

戦後日本に欠落したものこそ、この「悲劇の感覚」であり、大東亜戦争を振り返るとき、悲惨といって、悲劇といわないのである。粕谷氏の七歳年上の吉田満に対する深い共感は、逆に戦後という時代に対する深い違和感に通じているのである。

そして、粕谷氏はついに、『鎮魂——吉田満とその時代』（文春新書）を平成十七年に上梓するに至る。本巻の「吉田満の問いつづけたもの」は、その序章である。そこには、吉田満の重要な文章「戦後日本に欠落したもの」が、粕谷氏の依頼で『中央公論経営問題』に載ったものであることが書かれている。その「吉田満の問いつづけたもの」の中で、吉田の「戦後日本に欠落したもの」を問うた文章を引用した上で、粕谷氏は「後に残ったわれわれは、吉田満の問いかけを継承する義務があるように思われる。それがいかに当世風でないにしても」と書いている。そもそも、この新書は、雑誌『諸君！』での昭和六十年三月号から翌年の十二月号までの断続的な連載をもとにしているが、この新書の前書きに、「ある事情から、連載を中断して今日に至ったものである。私自身、人生の最終段階を迎え、意を決して」後半の部分を書き下ろしたと書かれているが、吉田満、あるいは戦後日本に対する批判の核心は、それまで編集者として、「当世風」をそれなりに慎重に考慮しなければならなかった粕谷氏が、「人生の最終段階を迎え、意を決して」書いたことなのである。

その点からいっても、『諸君!』に載った吉田満と鶴見俊輔の対談「『戦後』が失ったもの」を読んで鶴見俊輔への「異論を展開」している「鶴見俊輔氏への手紙——戦後史の争点について」は、興味深いものである。冒頭で「省みれば、私の編集者生活の最初の仕事のひとつは、『中央公論』に連載された「日本の地下水」という、鶴見さんと武田清子、関根弘氏と共同の、サークル誌評を担当することでした」と回想しているが、中央公論社版の『思想の科学』の編集を三年間、手伝っていたとき、「一面ではある種の違和感を感じ」ていたと書いている。この「違和感」は、「戦後」に対するものでもあるが、「あれから二十年近い歳月が経ちました。さまざまな事件やさまざまな問題が、鶴見さんとの距離をつくってきてしまいました」とあるように、粕谷氏と、鶴見氏との間には、随分「距離」があるのである。「戦後」に対する「距離」が広がっていき、それに反比例して、吉田満に対する共感は、「人生の最終段階を迎え」て、ますます深まっていった。それは、近年書き下ろした『反時代的思索者——唐木順三とその周辺』で、唐木の「反時代的」な姿勢について示した共感に通じているが、唐木についての関心は、本巻に収める、鈴木成高と対比して論じた文章「唐木順三と鈴木成高——中世再考」に見られるように、長く深いものである。

吉田満に対する共感は、吉田が「宗教的人間」であることにもある。「吉田満の問いつづけたもの」の中で「大和の特攻出撃の体験を、敗戦直後に記録に止めた彼は、死線を越えた自らの生の偶然、不可思議の情を問いつめ、「死・愛・信仰」(『新潮』昭和二十三年十二月号)への思索を深めて、昭和二十三年には、キリスト教に入信している。彼はなによりも敬虔なキリスト者として宗教的人間であった。文学もビジネスも、彼にあっては、信仰によって生かされた部分であったかもしれない。彼は宗教的人間たることによって全的に生きたのであった」と書いている。「『戦艦大和ノ最期』初版跋文について」の方では、「愛も欲も、出世も奉仕も、人間的なすべてをさらけ出しながら、しかし、宗教的人間として自己抑制に生きた」という風に書いている。

この「宗教的人間」は、「欲」に生きるとしても、「エゴイズムの正当化」を知らないのである。この「エゴイズムの正当化」があることに、粕谷氏の戦後への「違和感」の根本がある。「鶴見俊輔氏への手紙――戦後史の争点について」の中で、次のように書くとき、粕谷氏は吉田満という「宗教的人間」を対置しているのである。

私たち多少下の世代から眺めていますと、戦後の論理には、〝醬油を飲んで徴兵を逃がれた〟、いってみれば醬油組の天下といった風潮がありました。『きけわだつみの声』の編集方針も、意識的に反戦的学生の声だけが集められました。愚劣な戦争に駆り出されて、無駄な死を強制された。だから二度とこうした戦争を起させてはならない。もう『僕らは御免だ』、ドイツの戦没学生の手記も訳されて、戦後の反戦感情・反戦運動は盛り上げられてゆきました。それは半面では正当に思われました。けれども微妙なところで、何かエゴイズムの正当化といった作為的な思考のスリカエがあるように思われて、当時から私にはなじめなかったことを記憶しています。

戦後は、「醤油組の天下」だったとは、痛烈な批判の言葉である。また、この「エゴイズムの正当化」を嫌悪するところに、粕谷氏の「宗教的人間」的な面が出ているのである。

本巻には、高坂正堯、永井陽之助、萩原延壽、松本重治、小島祐馬などの思い出が収録されているが、このような多くの人物について的確な人物論を物するというのは、たんに才能の問題ではない。粕谷氏の名編集者としての仕事と深い人物論を可能にしたのは、実は粕谷氏の精神の姿勢によるのである。

「他者実現」としての編集

本巻に収める「波多野精一の体系——世界観の所在」は重要な文章である。粕谷氏の青春時に深い影響を与えたのが、近代日本最高の宗教哲学者・波多野精一であることは、粕谷一希論の核心である。この文章の中で、波多野の宗教哲学体系が『宗教哲学序論』『宗教哲学』『時と永遠』の三部作として構成されていることをいった上で、「私自身、一冊を挙げるとすれば『時と永遠』となるだろう。その感動は私の生涯を通じて持続してきている」と書いている。この波多野の宗教哲学の何が、粕谷青年に衝撃を与えたかといえば、次のような文章にうかがえるであろう。

しかし、『宗教哲学』と『時と永遠』を通して、私が深い衝撃と共に学んだことは、この世界が、自然、文化、愛という三層の世界から成り立っていること。これまで個人主義の人格主義が称えていた〝人格の成長〟とか自我の発達という観念は、自己実現としての文化の世界のことであり、真の人格主義は愛の世界にあって、他者実現を目指さねばならない、と説いていることであった。（中略）

たとえば、「表現は自己実現の活動の基本的性格をなすに反し、象徴は実在的他者との交渉を成立たしめる原理である」（『時と永遠』一七五頁）といった言葉に接すると、文化の世界と愛の世界もしくは信仰の世界との画然とした違いを認識する。文士や芸術家は自己表現ということを自らの生命と感じ考える。しかしそうした文学や芸術作品も、社会（他者）に奉仕するものでなくてはならない。そうした他者は実在する他者として、究極的には実在する神につながる。

人格の成長・発展こそ人生究極の目標であるとする近代の個人主義的人格主義に、薄い膜が張ったように納得できなかったのは、まさに愛の世界・愛の行為としての他者実現が視野に入っていないからであった。人間の活動として、自己表現としての文化（自我）の世界よりも、愛としての他者実現の方が重い価値をもつことを明言した波多野哲学と出会って、私はある安らぎを初めて感じたのであった。

だから、粕谷氏が名編集者であったということは、単に普通の意味での編集能力が高かったというような次元の話ではないのである。氏の編集者としての人生の選択も、編集者としてのすぐれた業績も、この「安らぎ」に基づいているのである。氏の「賢者」のような風格も、この「愛としての他者実現の方が重い価値をもつ」という「信仰」によるのであり、氏にとって編集という仕事は、「他者実現」としての仕事であった。「エゴイズムの正当化」などは、最も嫌うところであった。ジャーナリズムという「時」の中に生きて、「永遠」を望む精神であったのである。

氏は、戦後の多くの文化主義者たちと交渉があったし、一見、文化主義者のように見られているかもしれないが、実は「隠れ非マルクス主義者」であったように、「隠れ非文化主義者」だったといえるであろう。氏は、文化主義者の如く、文化を変に高く考えることはないし、文化の中に自足している不潔さがない。「文化」の上に「愛」の世界があることを波多野に学んだからである。文化主義者とは、「エゴイズムの正当化」を文化的な装飾でうまくできる人間に過ぎない。

この粕谷氏の精神の姿勢は、「河上徹太郎の姿勢」という文章にも、よくあらわれている。粕谷氏は、河上徹太郎の生涯の友、小林秀雄よりも河上の方に共感を示しているのである。

今日、一般的には小林の方が評価が高いであろうし、いわゆるファンも多いであろう。小林は、偶像化されやすい要素を持っているが、河上には、そういうものはない。それは、中原中也との青春の劇とか風貌とかの単に表面的なことによるのではなく、そこには重要な相違があるのである。やはり、「エゴ」の問題である。粕谷氏は、次のように書いている。

小林秀雄の語り口や文章は、強烈なエゴの存在を実感させ、その独特の発想や論理は読者に一種の苦行を強いる。苦行に耐えることで、閃光のようなヴィジョンを共有する。小林秀雄の歩行とつきあうことは、この軽業師のような綱渡りのスリルを味わうことであろう。通念や常識が否定され罵倒され、意表を衝く論理が、ぎりぎりの脳髄の働きとして絞り出されてくる。（中略）

「他人をダシにして己れを語る」小林秀雄の批評のスタイルは、小林秀雄の天才をもってして初めて可能なのであって、その模倣者からは、倨傲と独善だけが残る。多くの文学青年が死屍累々たる惨状を呈したのは、この天才の毒もまたいかに強烈であったかを物語る。

ただ、もっとも面白い事実は、この小林秀雄のもっとも身近なところに、河上徹太郎が座っていたことであろう。この穏かで芯の強い個性が、小林秀雄と共に歩み、その圧力のなかで、自らを開花させ熟させていったことは改めて再考する価値のある主題である。おそらくそこに展開された心理劇は、両者が言葉に表現している以上のものがあったにちがいない。

その河上さんの批評の方法が、「己れをダシにして他人を語る」見事な対象への即自性をもっていることである。読者は、小林秀雄の文章に接して、語る対象よりも小林秀雄の姿の方に意識がいきがちである。ところが、河上さんの文章に接するとき、読者は後景に退った筆者の淡い姿を意識しながらも、あるいは筆者の存在を忘れて、対象に見入ることができる。

それは河上徹太郎の対象への愛、他者への愛を無言のうちに語っていないだろうか。おそらく、批評とは何かという問題は、この小林対河上の、無限にデリケートな対話のなかに潜んでいるように思われる。

「穏かで芯の強い個性」というのは、粕谷氏にも通ずるものであろう。そして、「対象への愛、他者への愛」という言葉は、まさに波多野精一の徒のものである。

戦後日本という、この騒がしい混迷の時代における知識人たちの演じた悲喜劇の目撃者として粕谷一希氏という「穏かで芯の強い」知性があったことの重要な意味は、恐らくこれからますます大きくなっていくであろう。戦後日本とは果たして何であったかが、そこに浮かび上っているからである。

林達夫についての文章に、「声低く語れ、とは林さんの名言のなかの一つである」とあるが、戦後の追い風に乗って声高く叫ばれた思想は、結局消え去り、「声低く」語られたものが残っていくのである。粕谷氏は「声低く」語り続けた人である。この随想集から、その「声低く」語られたものを聴き取らなければならない。

教養主義の残照とポストモダン――『粕谷一希随想集II』解説

文芸評論家　富岡幸一郎

多面的な知識人の貌

「実際、粕谷一希とは何者だろうか?」

昭和五十八年(一九八三年)八月号の『新潮』に載った不穏といってもよい文章のなかに、この一行が記されていた。著者は文芸評論家の江藤淳であり、その評論文の表題は「ユダの季節――『徒党』と『私語』の構造」であった。

江藤氏は、河上徹太郎のエッセイ『憂愁日記』からこのタイトルをとっているが、イエスを裏切ったイスカリオテのユダを「左翼」に見立てた河上の論を援用して、当時の論壇のなかで今日の言葉でいえば「リベラルな左翼」の知識人として、山崎正和、中嶋嶺雄らとともに粕谷一希を当時の論壇において「徒党」を組んでいる連中であると激しく批判した。具体的には粕谷氏が書いた小林秀雄についての文章への批判であったが、江藤の論旨は戦後の言語空間のなかに潜む自己検閲の問題であり(江藤淳の『閉された言語空間』などの占領・検閲がいかに日本の戦後の言論の自由を奪ったかという一連の研究）、それが昭和五十八年という時点においても形を変えて存続しているということであった。粕谷氏については、一九六〇年安保のさなかに出会った中央公論社の編集者であった頃からの交友を述べたあとに、次のように記していた。

「この粕谷一希という人を、私は年来の友人と思い、少なくとも親しい知己のうちに数えて来た。逆にいえば、この人を、『ユダ』とも『左翼』とも思ったことは一度もなかった。幸いにしてこの人と私とのあいだには、何等これという不快な利害関係が、介在する余地のないものと思われたからである。／この人と、『評論家』粕谷一希氏とは、果して同一人物なのだろうか？　いや、『評論家』粕谷一希氏は、果して評論家なのか、編集者なのか。あるいはまた、評論家でも編集者でもあり、かつ評論家でもなければ編集者でもないという、いわば新種の論壇・文壇棲息者なのか？／『評論家』粕谷一希氏と、かつて私が知っていた粕谷一希という人との落差におどろいている私は、あるいは人を見る眼がなかったというべきなのかも知れない。しかし、同時にまたこれは、単にこの人が豹変したためにすぎないのかも知れない。」

粕谷一希氏が優れた編集者として活躍し、評論家として、また随筆家として健筆を揮っていたことは周知の通りであり、今回藤原書店よりこのような『随想集』が刊行されるのもその成果であることはいうまでもないが、江藤氏のこの文章を読んだ筆者は、粕谷一希とは何者なのだろうかと、当時訝った記憶がある。

その後、一度短い時間であったが粕谷氏と直接お会いする機会があったが、じっくりと話を伺ったのは、二年前に藤原書店の『環』（五一号、二〇一二年秋）で、政治思想学者の坂本多加雄氏の没後十年を記念しての座談会であった。この座談会には、坂本氏の弟子でもある日本政治思想学者の杉原志啓氏も参加したが、五十二歳で早逝した坂本多加雄の仕事の全体像について、深く掘りさげた対話ができたと思っている。とりわけ、坂本氏と長年懇意にしていた粕谷、杉原両氏の話は貴重なものであったが、筆者の粕谷氏への印象は、三十年前に読んだ江藤淳の文章のそれとはおよそかけ離れたものであった。

粕谷氏は二十一世紀の国際政治や日本の社会状況にたいして、坂本多加雄が予言的に提示した事柄を高く評価され、戦後マルクス主義への批判的超克に深い理解を示された。具体的には、丸山眞男や大内兵衛への批判である。ただ、座談会のなかで粕谷氏は坂本多加雄が「新しい歴史教科書をつくる会」の実践運動を西尾幹二氏らと一緒にやったことに、疑問を呈された。杉原氏と筆者は、それは坂本氏の思想・言論と不可分のものであると強調した。戦後の左翼思想によって偏向した歴史教育を糺すことに坂本多加雄は文字通り尽力したが、そのこと自体の意味を粕谷氏は十分に理解されていると思われた。

つまり、最初の問いにここで戻れば、「粕谷一希とは何者だろうか？」との答えとしていえるのは、江藤淳がいささか性急に、かつ不穏な文章で批判した「豹変」する「ユダ」でも「左翼」でもなく、この国の戦後という言語空間のなかで多様な仕事を通して、一つのことを主張し続けた、一個の知識人である、ということだ。

近代日本の教養主義

その一つのこととは何か。この随想集に収められた各文章から浮かび上がってくるのは、明治以降の政治家・思想家・文学者たちを支えてきた教養主義のもつ深い意味である。

本巻のⅠ「幕末・明治・大正」では、明治維新を薩長主導の勝者の歴史として見る史観から自由になり、維新そのものをそこにかかわった人物たちの群像のなかから見直そうとする。明治政府の周辺だけを眺めていては得られない展望がそこに与えられる。高杉晋作をどう捉えるかといった文章などによく表れているが、粕谷氏は晋作の「面白きこともなき世を面白く」という言葉のうちに「奇妙に明るい虚無感」を見る。そして、そこに一種のダンディズムの趣向があるという。唐木順三が『詩とデカダンス』でいった「デカダンスはダンディズムとニヒリズムの中間にある」という言葉を引いているところなどは面目躍如たるものがある。つまり、高杉晋作は矛盾と逆説に満ちているがゆえに、ある「明るさ、面白さ、あるいは救い」を、明治維新そのものにもたらしたというのが粕谷氏の見方なのである。このような見解は、戦後の歴史学者などからはまず出てこない。明治維新を革命と見るか王政復古と見るか、はたまた帝国主義国家の形成と見るか、という議論がさんざんなされてきたが、その渦中にあった人物にデカダンスという観念を吹き付けることによって、このようなユニークな〝歴史像〟が生まれる。そのようなことを可能にさせるのには、唐木順三の名前が挙げられているように、近代日本の知識人たちの教養主義が大きな影響を与えているのである。

「享楽人、木下杢太郎」は、和辻哲郎の随筆集からとった「享楽人」というキーワードについてのエッセイであるが、この文章で「享楽する人」とは「味わう人」であるということが強調されている。この知識をあるいは文学を「味わう」、しかもそれを知的ステータスとして味わうというところに大正教養主義といわれたものの真髄がある。

Ⅱ「明治メディア史散策」のなかの「友人としてのメディア」で、明治時代のメディアは、さまざまな同人誌すなわち、友人や知人たちが集うことで新しい文学運動や歴史学を形成したことが述べられている。このメディアという観点から日本の近代史を解きほぐしていく方法は、まさに編集者、エディターとしての粕谷一希氏ならではの観点であろう。幕末の土佐藩については、坂本龍馬、中岡慎太郎、武市半平太などが中心人物として語られがちだが、粕谷氏は全体を眺めていくと、佐々木高行という存在が気になるといっている。佐々木高行の「保古飛呂比」については言及していないが、明治天皇や皇太子に仕えた佐々木の視点から明治を見るとどうなるのか、という「面白い視点」などを提示している。佐々木は岩倉使節団の一行にも同行しているが、その記録である『米欧回覧実記』の著者久米邦武にも言及している。歴史を動かすものは抽象的な思想や史観ではなく、あくまでも人間であり、その人物たちのネットワークに他ならないことが、粕谷氏のこれらの論考からいきいきと鮮やかに見て取れるのである。

Ⅲ「昭和」の冒頭に置かれた「河合栄治郎——闘う自由主義者とその系譜」は、本巻においてもっとも読み応えのある文章である。昭和初頭にマルクス主義と戦い、昭和十年代にはファシズムと戦った自由主義者としての河合の根幹にあるものを「人格主義、教養主義」としている。この論考の前半には、粕谷氏自身の青春の来歴がかなり詳しく語られている。戦争中は愛国少年であった自分があの戦争をどのように受け止め、また敗戦後の現実をどのように感じたかが、生々しく述べられている。

小学校から中学校にかけて、私は文学少年というより作文少年であった。そして戦争が破局に進むにつれて、〝憂国〟的な政治少年となっていた。敗戦直後、汪精衛の重慶脱出を警護し、上海に児玉機関をつくって活躍したという児玉誉士夫に関心を抱いたのは、佐藤紅緑風のヒロイズム、山中峯太郎風の冒険心が、敗戦の打撃にも拘らず、心の片隅に残像として残っていたのであろう。

その心象風景は、児玉誉士夫を実際に目撃することで完全に破れ、あの東大生との対面で百八十度、転回した。私は、自我という言葉、人格という言葉を初めて耳にした。そして、人生の意義を説いた河合栄治郎という存在、あの戦争中に軍国主義を批判し切り、思想に殉じて生き、死んだ理想主義者、戦闘的自由主義者が、この世に実在したことを知ったのである。

愛国少年からリベラリストへの転向というよりは、時代とその宿命を見る眼をいかにして養わなければならないか、という認識を敗戦後に粕谷氏は痛感したのであり、それは明治、大正、昭和前期の教養主義を本格的に自らのものにすることと深くつながっている。同じ文章のなかに次のような一節がある。

ともかく不思議な季節であった。飢餓と窮乏のどん底にあって、私たちはおそろしく精神的であり観念的であった。昭和二十年から二十一年、二十二年にかけて、級友の大部分は読書に熱中した。皆が競うように文学書を片手にし、授業の間や昼休みには、それに読み耽るといった風景が流行した。

このような戦後の「教養」体験が粕谷氏の類まれな編集者としての活躍を促し、さらに文筆家としての自在な活動を拓いたのはいうまでもない。しかし、昭和から平成へ、二十一世紀の情報化社会とグローバリズムのなかで、このような教養主義は今やほとんどその存在価値を失いつつあることは指摘しなければならないだろう。河合論のなかでも、その「現実」を意識して粕谷氏は次のように記している。

言葉や思想が人間を導くのではなく、言葉や思想はさまざまな党派のイデオロギーにすぎなくなってしまった。そして肝心なことは、そうした状況のなかで、思想に生きた人間の具体事例があまりに乏しいために、青年たちは仰ぎみるシンボルを失ったのである。

大衆社会、情報社会、管理社会、組織社会など、豊かな社会が実現したとき、それと同時に所有した社会の諸特徴は、すべて、かけがえのない人間が、主体的人間として生きることを困難にする性格のものである。思想という言葉、思想家という存在が、はるか彼方にかすんでしまったのも、半ば当然かもしれない。けれども、人間が人間として主体的に生きることが、究極的に人間の尊厳を確保する道であるとすれば、われわれは思想に生きることを目指さなければならないし、またイメージや感性の段階を越えて、知性を通して論理的道筋に生きなければならない。そのとき、河合栄治郎の生涯は、多くの直接・間接の示唆を与えてくれるはずである。

ポストモダン時代に、問いかけるもの

このようなメッセージは、今日どれだけの説得力をもつのだろうか。

フランスの思想家ジャン＝フランソワ・リオタールが『ポスト・モダンの条件』を刊行したのは一九七九年であるが、二十世紀の最後の二十年間はリオタールが指摘した、哲学や社会科学（マルクス主義に代表される）、歴史学や神学や形而上学の「大きな物語」の失墜が現実となったのである。知識にたいする正当化の言説が失墜する、それをポストモダン状況と呼んだ。日本でも、一九八

〇年代以降、ポストモダン思想がヨーロッパ経由で〝現代思想〟という名前で輸入されたが、それは明治以降のこの国の近代的な教養主義の崩壊とまさに軌を一にしていた。

言い換えれば、それは大衆社会状況の限りない支配であり、そのなかで情報機器の蔓延は、言葉そのものの変質を明らかにもたらしている。二十世紀後半からのＩＴ（インフォメーション・テクノロジー）革命は、十九世紀後半からの大衆社会を、高度な情報化によって肥大させる結果をもたらした。われわれは、今や日常生活のあらゆる面において「情報」に操られ、支配されている。マーシャル・マクルーハンは『グーテンベルグの銀河系』で、活字メディアが大衆化され、人々の感覚や認識が決定的に変化したことを指摘し、テオドール・アドルノは『啓蒙の弁証法』で、「ラジオと映画の総合」であるテレビが、大衆を支配し、美的経験の貧困化をもたらすといった。テレビとインターネットの結合は、文字言語（活字言語）の衰退だけではなく、人類がホモ・サピエンスたる条件としての言葉（音声言語）の貧困化を極限まで推し進めるのではないかということである。

そして今日起っていることは、「言葉」よりも動物的な「信号」が情報の名のもとに圧倒的に社会を覆いつくしている事態である。そこでは、物事を「考える」よりも反射が優先される。「携帯を持ったサル」「動物化するポストモダン」ということがいわれてすでに久しく、人間から猿への退化などというと映画の『猿の惑星』のようで漫画的だが、スマホを持って街を行き交う若者を眺めていると、そんな気がしてくるのである。

古田博司は『日本文明圏の覚醒』（筑摩書房、二〇一〇年）のなかで、「今、ようやくモダンな時代は終わりを告げた」といっている。

《もう私たちは、あのような「普遍・理想・典型」のウソに振り回されることもない。ネットを開けば、Youtube、ニコニコ動画、2ちゃんねる、イザ！、チャンネル桜、無数のブログ……、多くのティーゼーターたちが縦横無尽に活躍している姿をそこに見ることができるだろう。》《モダンが終わりがっかりしている人、精神の平衡を失っている人、もう一度あの「普遍・理想・典型」の復権を願ってやまない人々もいることだろう。しかしあの時代はもう二度とは戻ってこない。だがそれは別の意味で、新しい世界の開ける黎明の時の時を迎えているということなのだ。近代という堅苦しい修業の時代を終え、いまや本当に多くの名もなき端末が電脳空間に拡散し知識や教養の担い手になった。ただし、彼らは道徳的ではない。「とめどなく人に逆らう饒舌なモドキ」であり、ゆえに匿名のティーゼーターなのである。》

古田氏がいうようなかつての「普遍・理想・典型」の近代、すなわち教養主義や人格主義の時代は過ぎ去ったのかもしれない。「多くの名もなき端末が電脳空間に拡散し知識や教養の担い手になった」のかもしれない。しかし、重要なのはその次の一行に記されている「ただし、彼らは道徳的ではない」という決定的な事柄なのである。

本巻の「小林一三と松永安左ェ門――資本主義の精神」を読むと、近代日本の資本主義を形成した企業人のダイナミックな在り方が紹介されているが、彼らがその収奪した富によっていかに文化的事業を為し得たかは、改めて確認されるべきものだろう。粕谷氏は、「逸翁・耳庵」と称した小林と松永と茶人の業績については、残念ながら記していないが、日本文化の粋といってよい茶道を近代において復興し、新たな文化的位置づけをなしたことは忘れられるべきではない。現代のＩＴ企業の企業家（起業家）たちに比べてみれば、モダンの時代を生きた彼らの姿は列伝として記されるに値する。

本巻の後半で論じられる和辻哲郎、三木清、九鬼周造などは、まさにモダンの時代の教養主義的な知識人の典型であった。彼らの著作を現代の若い読者たちが、いかに、どのように読み得るのか。その著作物を直接に読むことの困難さは想像に難くない。粕谷氏のこの『随筆集』は、むしろこのようなポストモダン時代の読者に格好の水先案内人の役割を果たすのではないか。

三度《みたび》問う。「粕谷一希とは何者だろうか?」。答えは明らかであろう。粕谷一希氏とは、この国の近代の遥かなる教養主義の残照であり、その夕映えの光は、今日の荒涼たる破壊された知と教養の廃墟の上に静かに射しているのである。（この解説文を脱稿して直後に粕谷一希氏が逝去された。『随想集』の言葉の光が、一人でも多くの読者に届くことを祈念したい。）

生涯一編集者を貫いた粕谷一希さん——『粕谷一希随想集Ⅲ』解説

評論家　川本三郎

編集への愛

粕谷一希さんは自身、「生涯一編集者」と言っている。大学を卒業し、昭和三十年（一九五五）に中央公論社に入社し、二十三年間にわたって総合誌『中央公論』を中心に編集の仕事に携わった。昭和五十三年に同社を退社したあとも『東京人』の創刊編集長を務めた。その他にも『アステイオン』『外交フォーラム』誌の編集長になっている。

経歴が長いだけではない。粕谷さんが「生涯一編集者」というのは、何よりも編集の仕事を愛したからだと思う。平たく言えば「根っからの編集者」だった。

編集者とは、筆者に寄り添いながら、ひとつの論文、あるいは一冊の本を作り上げてゆく伴走者である。筆者のどんな作品も、それを支える編集者の力なくしてはありえない。決して表には出ないで、裏方となって筆者を励まし、時に叱咤し、作品を作り出す。

粕谷さんはその仕事を天職として愛した。粕谷さんは二〇一四年の五月に八十四歳で亡くなられたが、生涯、自分の好きな仕事を続けられたのだから、幸せだったと思う。

アメリカの雑誌『ニューヨーカー』の編集長ウィリアム・ショーンへのインタヴューのなかで、粕谷さんは編集者とは何かについてこんなことをいっている。

「編集者の最大の喜びは、新しい作家のすばらしい作品を掲載し、その作家が育っていくことだと思います。他人の成功が自分の喜びだと感ずる心が必要ですね」

（略）

「編集者というのは、他人がすばらしい能力を発揮することに、嫉妬をもってはできない仕事です。

それにウィリアム・ショーンが同意していることは言うまでもない。編集者は「無私の心」を持っていなければならない。別のところでは、こうも言っている。「（編集者は）筆者の能力だけでなく、趣味や癖まで呑みこんで、助産婦役として、筆者の最高の能力を引き出さなければならない」

個性の強い筆者と、同じように確たる考えを持った編集者との関係は、ときには個性がぶつかりあう戦いにもなるだろう。編集者という「助産婦」にとっては、生みの苦しみといえようか。だから、粕谷さんがショーンの言う「編集者は精神病院の管理者」説に共感を示しているのは微苦笑を誘われる。無論、この言い方は、筆者と共にある編集者という仕事を愛していればこそのもの。

二十一世紀の今日、とりわけ、ＩＴ時代となり、筆者と編集者の直接の、密な会話が少なくなってきている時代にあっては、粕谷さんのこういう編集者論は、正論ではあるが、古典的な考えと言えるかもしれない。

実際、いま、粕谷一希さんの編集者生活を振返ってみると、それは、まだ出版社が商業主義の猛威にさらされずに、品格ある出版活動を続けることが出来た良き時代の恵まれたものだったと羨しく思えてくる。

創文社という学芸出版社についての文章のなかで粕谷さんは書いている。「学芸に対する敬意を失った出版は単なる出版産業にすぎない」。出版社が出版社たり得ていた良き時代に生きてきた粕谷さんならではの断定である。いささか古い言葉でいえば、この言葉には出版に関わる仕事を愛してきた粕谷さんの「志」「誇り」が込められている。

挫折者への共感

粕谷さんは、前述したように昭和三十年に中央公論社に入社し、同社の看板雑誌というべき『中央公論』の編集部員になった。明治時代に創刊され、滝田樗陰という名編集長のもとに言論界、文学界に大きな影響を持った伝統ある雑誌である。中央公論社はのちに経営不振になり、読売新聞社の傘下に入るのだが、昭和三十年代の中央公論社は経営も安定し、「学芸に対する敬意」も持っていた。伝統の強みがあった。文学の世界では、とくに永井荷風と谷崎潤一郎を大事にしていた。純文学がまだ文学界の主流だった時代である。そうした良き時代の中央公論社に入社し、若い粕谷さんは編集者の仕事を学んでゆく。

中央公論社には二十三年間、在籍するのだが、昭和三十年代から昭和五十年代にかけて、それは良き時代であると同時に、激動の時代でもあった。とくに時代状況と直接に斬りむすぶ、総合誌の編集者という仕事は困難が多かった筈だ。

あとから振返れば、出版社がまだ出版社たり得ていた時代は、粕谷さん自身がいうように「最期の牧歌的時代」だったかもしれないが、総合誌の編集の仕事は、言論に携わる者の責任が問われる重い仕事だった。

当時は、米ソ冷戦の時代であり、日本国内でも左右のイデオロギーの対立が激しかった。論壇雑誌の『中央公論』の編集者は、当然、その対立の現場に身をさらさなければならない。編集者は、筆者の伴走者とはいえ、激動のなかでは、筆者との対立もあった。

そのイデオロギーの対立の頂点が、昭和三十五年のいわゆる「六〇年安保」であり、左右の対立のなかで『中央公論』は揺れ動く。しかも、同誌は、深沢七郎の「風流夢譚」という天皇制に関わる刺激的な小説を掲載したことで右翼の攻撃にさらされた。

その問題がなんとか落着いたあとには、昭和四十年代に入って、大学紛争の時代になる。海外では中国で文化大革命が起り、他方、アメリカが引き起したベトナム戦争が激化する。

「編集は時の流れと共にあり、その流れの方向について判断または決断を要請される」と粕谷さんは書いているが、価値観が激しく揺れ動く時代のただなかにあって、言論の雑誌の編集を続けてゆくことは、大変な苦労があっただろう。とくに良心的であろうとするほど、外部の筆者とも、また社内の人間関係でも複雑な対立、困難な軋轢があったことは想像に難くない。

その結果、粕谷さんは疲れ切り、昭和五十三年（一九七八）に中央公論社を退社する。

誰よりも編集という仕事を愛した、また、誰よりも中央公論社という会社を愛した人間が、退社せざるを得ない。どんなに、つらく、悲しいことだったろう。のちに、粕谷さんはその退社の事情を『中央公論社と私』（文藝春秋、一九九九年）で振返るが、そこには、自分を退社へと追い込んだ会社への恨みや怒りはなく、むしろ、自分を編集者として育ててくれた、そして編集者として困難ではあったが幸福だった体験をさせてくれた中央公論社への深い思いがあふれ出ていて読む者の心を打つ。

二十三年間、在籍した会社を辞めざるを得なかった。この挫折が粕谷さんの文章に深みを与えている。通常、功成り名を遂げた編集者の編集論には、自慢話の臭みがあるのだが、粕谷さんにはそれがない。どこかに「挫折者の悲しみ」がある。粕谷さんの書くものが信じられるのはそのためだ。

頭だけで書いた文章ではない。生身の人間の痛みや悲しみがある。粕谷さんは幕末好きで自ら「新撰組マニア」と言っているが、新撰組が好きなのも、彼らが敗れていった者たちだったからだろう。

粕谷さんは、出処進退に潔い、きれいな人が好きだった。中央公論社の戦前のある編集者について書いている。彼は、戦前の昭和、軍国主義が強まってゆく時代にあっても、最後まで、リベラルな姿勢を崩さなかった。

当時の社長、嶋中雄作を補佐し、信頼されていたこの雨宮庸蔵という『中央公論』の編集長について粕谷さんは思いを込めて書いている。

昭和十三年、『中央公論』は、『蒼氓』（昭和十年）で第一回の芥川賞を受賞した石川達三の『生きてゐる兵隊』を掲載した。それが内務省の検閲課に問題にされた。編集長だった雨宮は責任を取って編集長を辞任し、退社した。嶋中社長は「泣いて馬謖を斬る」と全社員の前で演説し、その後、雨宮の戦時中の生活を庇護した。

この事件を書くことによって粕谷さんは、中央公論社の良きリベラリズムの伝統を読者に伝えようとしている。同時に、組織のなかで生きる個人の責任の重さも確認しようとしている。中央公論社は「昭和の軍国主義に最後まで反軍的な自由主義を貫いた」。しかし結局は、圧倒的な権力の前に会社を解散させられてしまう。

「思想より人間」を大事に

粕谷一希さんは自分を「一個の保守主義者」という。保守主義とは日本の伝統を守ろうとする立場であり、粕谷さんが『中央公論』に在籍していた昭和三十年代から四十年代にかけて論壇で大きな影響力を持った革新思想に対して距離を取ることである。

昭和五年（一九三〇）生まれの粕谷さんは中学生の時に終戦を迎えた。戦時中は、日本の勝利を心から願う愛国少年だった。それだけに敗戦は衝撃で、これから自分はどう生きていったらいいのか真剣に考えるようになった。のちに編集者として活躍する粕谷さんはこの敗戦の衝撃から出発している。もちろん神がかった軍国主義にはついてゆけない。といって戦後、一気に力を持った革新思想にもなじまない。ここから右と左両方のファナティックな言動を嫌う、リベラルな保守主義という立場が生まれてくる。

粕谷さんは六〇年安保問題で日本の社会が大きく揺れた時、学生たちのデモに批判的だったし、デモを煽るような進歩的知識人もよしとしなかった。他方では、岸信介の強引な政治手法も嫌った。

こういう粕谷さんのリベラルな保守主義という中庸の立場は、「私自身は一個の保守主義者であるが、ソ連の脅威に合わせてヒステリックに日本の進歩派を叩く人々に与《くみ》しない」という言葉や、「日本は軍事大国になるべきではない。私はいわゆる〝戦後民主主義〟に批判的だが、太平洋戦争という犠牲のうえに築かれた戦後日本の自由と繁栄をこよなく大切に思う」という言葉によくあらわれている。保守主義とリベラリズムという一見不似合な考えが粕谷さんのなかで溶け合っている。それは十代で敗戦を迎えた粕谷さんが、これから自分はどう生きるべきかを突きつめて考え抜いた末にたどりついた強い立場だった。その中庸の考えは、六〇年安保の時の混乱のなかでも、さらには全共闘運動が吹き荒れた時代にあっても揺がなかった。だからこそ進歩的な知識人や、社内の急進的な組合員から批判され、それが、中央公論社を退社する遠因になってゆく。

編集者とは筆者の伴走者であると同時に、確たる思想を持った言論人でなければならない。思想とは何か。粕谷さんは思想には三つの大きな命題があるという。

人生いかに生きるべきかを問うこと。社会がどうあるべきかを問うこと。そして三つめは、世界にはどういう意味があるのかを問うこと。

思想であり、哲学、倫理と言ってもいいだろう。粕谷さんは敗戦後の混乱期、哲学少年になったと回想しているが（『作家が死ぬと時代が変わる――戦後日本と雑誌ジャーナリズム』日本経済新聞社、二〇〇六年）、自身、編集者である前に、何よりもまず人間であろうとしたのだろう。『中央公論社と私』のなかでは、言論とは突きつめて考えれば人格である、とも言っている。粕谷さんが、戦後の言論界で大きな力を持った革新思想に終始なじまなかったのは、それがソ連社会を理想と見ていたからであり、「共産主義と人格の尊厳は両立しない」（『作家が死ぬと時代が変わる』）と確信していたからに他ならない。粕谷さんにとって「人間」「ひと」「人格」が何よりも重要だった。

中央公論社に入社する粕谷さんだが、学生時代、本当に入りたかったのは当時、まだ新しい会社だった筑摩書房だったという。戦後、同社によって創刊された雑誌『展望』を愛読していた。臼井吉見によって編集されていた『展望』の編集方針は、右であれ左であれいいものであれば載せるという筆者の「人間」を大事にする考えで、粕谷さんはそこに共感したという。

本巻には、映画のタイトルになった"The Singer not the Song"という言葉が引用されている。「大事なのは歌ではなく、その歌を歌う歌手なのだ」とは、粕谷さんの人間本位の考え方そのものになっている。「思想より人間」と言ってもいい。

本巻には、粕谷さんが出会ったさまざまな出版人や筆者の思い出が語られているが、「岩波の巫女」といわれた野上弥生子や、革新勢力の雑誌『現代の理論』の編集をしていた安東仁兵衛などは明らかに粕谷さんとは政治的立場が違う。にもかかわらず粕谷さんは二人のことを敬意と共感を持って語っている。まさに「歌」より「歌手」が大事なのだ。

家業としての出版

粕谷一希さんは一高から東大に進んでいる。エリートである。現在ではもう失なわれてしまったが、かつて旧制高校文化という良き文化があった。知性、教養、品性、そして友情を大事にする。「青春とは友情の季節である」と言うが、精神形成の重要な思春期に、同性の秀れた友人に恵まれたことは、粕谷さんにとって幸せなことだった。一高時代の粕谷さんの周囲には、清水徹、高階秀爾、高橋英夫、芳賀徹、本間長世といった優秀な友人たちがいた。粕谷さんが「ひと」を大事にするようになったのも、言論とは人格であると考えるようになったのも、この思春期の友情があったからこそだろう。

粕谷さんは編集の仕事が好きだった。それはつまり、粕谷さんが「ひと」を好きだったからに他ならない。編集者の仕事は、筆者という「ひと」を好きにならなければ始まらない。「SONG」の前に「SINGER」が大事になる。

二十一世紀になり出版状況は大きく変わってきている。商業主義がより強くなり、編集者は経営者に「売れる本」を作ることを求められる。一九七〇年代以降、マンガに代表されるサブカルチャーがいまやメインになっている。「学芸に対する敬意」を持ちたくとも持つのが困難になっている。勢い、編集者の顔は筆者にではなく経営者や読者に向いてしまう。

粕谷さんが生きた時代は、まだ編集者の顔は筆者に向いていた。筆者の伴走者たりえた。その意味ではまだ「牧歌的」だった。粕谷さんはウィリアム・ショーンの、読者調査などしない、という考えに深く共感しているが、今日では、読者の意向を考えない編集は難しい。いまや多くの雑誌には「この号でいちばん面白かった記事は何か」というアンケート葉書が付いている。

いつのまにか、そういう時代になってしまった。「出版社」ではなく「出版産業」が増えてしまった。

そうであればこそ、現代では小さな出版社の存在が大事になると粕谷さんはいう。出版社とはもともと「ひと」が作る「手工業」である。「企業」というより「家業」といったほうがいい。四十年以上、編集に携ってきた人間として粕谷さんはいう。

「実際の編集者の生活には、マスメディアなどというものは存在しない。存在しているのはパーソナルメディア（個人的な媒介者）だけだ、という単純な結論である」

「けれども本当のベンチャアは、少数の編集者集団だと私は考えている」

「ひと」を大事にする粕谷さんの考え方、編集者論は一貫している。本巻で粕谷さんが評価する出版社は、どれも「少数の編集者集団」ばかりである。人間の手が届くスケールで仕事がされている。粕谷さんが始めた雑誌『東京人』の編集部も、十人足らずの小さな集団である。経営的には確かに困難だろうが、現代でもこういう小出版社が、出版の基底にあることは間違いない。粕谷一希さんという保守主義者が守る伝統は、この「小さなものを大事にする」志といってもいいだろう。

〝夫〟に関するいくつかのこと

粕谷幸子

長女が小学校へ入学をして初めての懇談会のあと、担任の先生に呼び止められた。

「お父さんがちゃんといらっしゃると言うのに、母子家庭みたいですね。お父さんのことを話したことは一度もないし、図工の時間にはお父さんのお顔を描きませんでしたよ」

「あの子は生まれつき不器用で、特にオエカキが苦手なんです」

年子で生まれたオエカキ大好きな次女は、似ても似つかない男の人の顔を描いていた。トレードマークの黒縁まん丸眼鏡すら描いていなかった。つまり、二人とも父親の顔をよく見ていなかったのである。

休日は姉妹でつるんでいたし、父親の方はただひたすら眠っていた。極めて平穏な日々が続き何一つ不都合なことはなかった。

七七忌の法要を無事に終え、そろそろ残った雑事に手をつけようとしていたある日のこと、通夜の挨拶状に目を通していた娘達が、「いい文章だと褒めて下さった方もいたらしいけれど、今読んでみるととても寂しい内容だわね」と言った。

「パパの家族への感情と、家族のパパに対する感情の温度差があり過ぎるわね。わたし達パパに思われていたんだと必死に訴えているみたい」

「かもね」と言ったが、書いた私の方はこれっぽっちもそのような意識はなかった。

何がきっかけで考えるようになったのか具体的な記憶はない。秋、庭の銀杏が落ち始める頃だった。家族全員出払って家には私一人、なかなか手に入らない至福の時、私は恥ずかしいほど感傷的な気分になっていた。当然若い頃の夫との日々が思い出される。その延長線上で、私は一つの確信を見つけ出した。

夫は、仕事上でのアクシデントには強いが、身内や家族に起るアクシデントには弱いに違いない。だから、これから先、そのてのことは出来る限り夫の耳に入れないようにしよう。

夫は、他人から無法に仕掛けられた禍に対しても家族の前に立ちはだかって私達家族を守ってはくれないだろうから。とっくに解ってはいたことだが、いったんこうと決めてしまえば、何と爽快な結論ではないか。

勿論、夫には告げていないが、若し告げたとしても、〝そうか〟程度の反応だったろう。

常に口数の少ない上に、私達の前では徹底して寡黙だった。言葉の発信は全て私からであった。と言っても家族の近況を手短に伝える程度の。

その夫が、一度だけ、一方的に喧嘩を売りつけたことがある。たしか風流夢譚事件の後始末で、連日深夜の帰還、疲れていたのだろうが迎える私の方も疲れていた。三時は今日、四時は明日、せめて今日のうちに帰って来て下さい、と冗談口は叩いていたものの、お互い限界にきていたに違いない。

夫は大声で、それもいきなり、

「オマエさんは、オレがよくて結婚したのか、中央公論がよくて結婚したのか、言ってみろ！」

愚問である。驚きを通り越して頭に血が上った。瞬時に言葉が飛び出す。

「そのどちらか一つが大好きだったら、それで、いいじゃないですか」

言い放ったあと、泣いた。泣きながら夫の愚問に対して私のは名言だと思った。

五十数年間共に暮して いて夫との思い出の中ではこの深夜の愚問と名答は最右翼にランクづけをしてもいいと思っている。

都市出版を立ち上げてからは、女賢しうして牛売りそこなう的レベルのものも含めて、何回も口争いをしたが、憮然とする夫の前で爽快感はなかった。入退院を繰り返していた時は喧嘩のテーマが心臓だから、負の遺産を抱えたひ弱な相手と争うようなものであった。

アルバムを整理して夫が温泉好きだったことをはじめて知った。友人や知り合いと温泉旅行をしている写真がどっさり出てきた。誘われたこともあったんだろうが、わたしを自由にさせて、を繰り返していたらしく、私の姿はほとんどない。

それにしても、旅館の浴衣を着た夫の何とくつろぎ切ったにこやかな顔はどうだろう、嫉妬心すら湧いてこない。

夏の家族旅行のピリピリした感覚を思い出す。夫はその間、不機嫌か熟睡かの繰り返しであった。物心のついた娘達と私が夫の顔色を伺っているその傍らで幼児の息子だけがゲームセンターを走り回っていた。

ある夏のこと、わたし達は思いもかけぬ幸運を手に入れた。御一行様が到着する前に帰社命令のメッセージが届いていたのである。ソビエトのチェコ侵入の時だったと思う。夫は回れ右で帰って行った。残された家族は大喜び、夫の眉をひそめさせた三流ホテルで思いっきり羽をのばして遊んだ。

夫の背中は遠くに在る方がいい。突然近付いてきて面と向き合った時は、彼の場合、すでに病の兆しが始まっていた。

夫の希望で入れた時代劇チャンネルは、今も朝っぱらから夜遅くまで私を楽しませてくれる。夫が寝たきりになった時のリモコンをしっかり握りしめチャンバラに興じている写真がある。有難いことにわたし達は映画フリークであった。わたし達にも夫婦の会話なるものが存在したとすれば、その半分は映画の話だったように思う。

昭和四十年から四十一年にかけてＮＥＴ（現テレビ朝日）で放映していた司馬遼太郎原作〝新選組血風録〟という作品がある。当時、我が家にはテレビは茶の間に一台しかなかった。

家族で東芝日曜劇場を観ていた時だった。休日出勤から帰宅をした夫はいきなりテレビのチャンネルを変えた。当然家族から苦情が出る。

「腹話術のように喋るいい男が出ているから見てみろ」

栗塚旭が土方歳三を演じていた。以来、わたしは新選組にはまったが夫は土方歳三が大好きで、若い来客があると、司馬遼太郎原作〝燃えよ剣〟の話をしては悦に入り、三十七歳で死んだ、その死にざまがスゴイと言った。

生前も、亡くなってからも、気の置けない友人から、貴方と御主人の接点って何？と尋ねられることがある。時には、意地悪をされているように感ずることもあったが、私はお酒と映画で逃げた。拍子抜けした友人もいたらしいが手持ちの札がこれしか無いのだから仕方がない。一枚も無い人から見れば二枚もあるなんて素敵なことだと思っている。

『東京人』が届く度に、私はまず編集後記から読む。『中央公論』の時もそうだった。

書き手が身近にいる人間だからなかなか距離を置くのはむずかしいが、素人ながら、いいなあとか、意図がよく解るとか、勝手に喜んでいる。

夫の書いたものには、時には、世に討って出る的な息苦しい文章もあったが、『東京人』にはプロのガイド付きで好みの記事を探る心地よさがある。『東京人』をプレゼントしている知り合いから必ず何枚かのハガキが届く。

中には、〇〇へ行ってみた、〇〇を訪ねてみた、〇〇へ食事に行ってみた、という具体的な報告は何とも嬉しいものである。

そう言えば、『東京人』が届いたその日の夜、夫と出かけた店で主治医夫妻と同じ目的で出会ったのには驚いた。主治医も夫も、自家製からすみがご所望だったのである。

そして主治医も夫もともに鬼籍に入ってしまった。

「己より優れたる者を周囲に集めることに秀でたる者、ここに眠る」

これは米国の鉄鋼王カーネギーの墓碑銘だそうである。

たまたま『読売新聞』〝編集手帳〟で拝見した。

かつて、バラエティー番組の名手としてテレビ界を湧かせた井原高忠氏の死を報じたすぐあとに掲載されていた。井原氏はこの墓碑銘がことのほかお好きだったらしい。

お許し頂けるならば、私もこの墓碑銘の言葉をそのまま夫にも頂きたいと思っている。

＊　＊　＊

夫粕谷一希が亡くなってから、疎遠になっていた友人や知人から電話や便りが来るようになった。

体調は大丈夫か、寂しくないかといったいたわりの言葉が殆どであった。

その中の一人が生活面でのお金は大丈夫なのかと尋ねてくれた。私は夫の残してくれた財産もあるし、亡くなったあとも皆様のおかげでどんどん増えた分もあるから大丈夫だと答えた。

「それはよかった。ご主人の本が思いのほかよく売れたのね。無駄遣いしないでよ、あと何年生きるか解らないから」

私が口にした財産と彼女が心配してくれたお金とは全く違った意味の言葉であったが、私は野暮な説明などせずに電話を切った。


若い頃から真直な人だった。一度だけ金銭感覚の鈍い私を叱ってくれたこともある。

片岡千恵蔵の子息がＪＡＬの社長に就任したことを朝刊で知ったその日の夜、二人で飲みに行った。夫は酒量を制限されていたが外で飲みたかった。

あの名作「血槍冨士」（内田吐夢監督、片岡千恵蔵主演）のあの時の名子役がＪＡＬの社長とは!!我が意を得たり的気分であった。

後日、「血槍冨士」の名子役は長男で、社長に就任したのは次男だと知ったが、二人にはどちらでもよかった。

馴じみの店で、〝宮本武蔵〟を演じた俳優で、誰がいちばん素晴しかったか、客が少ないのをいいことにわいわい騒いでしまったのだから。

やがて心不全という病名で夫は入退院を繰り返すようになったが、度重なる入院で看護師さん達とも親しくして貰ったのだろう。

夫はそれをよいことに、彼女達の前で、西部劇の名作「シェーン」絶讃を一席ぶったらしい。

その結果、私に「シェーン」（ジョージ・スティーブンス監督、アラン・ラッド主演）のＤＶＤをプレゼントしたいから買って来いと言った。

入院中の夫がこのような嬉しいおねだりをしてくれたのはこれが最後であった。

これからの生活を心配してくれた友人に対して、財産がたっぷりあるから大丈夫と答えたその財産は、残された家族がこれから先生きていくために必要に応じて利用すればいい。

私しか知らない幾つかの思い出話は、私自身が、何時、何処ででも勝手に遣ってもいい私占有の蓄口、つまりへそくりということになる。

〝金は遣えば無くなるが、頭は使えば使うほど良くなる〟は、夫の口癖であった。

時には仏頂面をして聞き流していたが、考えようによっては、私の頭の訓練次第で、へそくりの金額が増え続けるということになるかもしれない。

幕間から緞帳が降りるまで、夫の仕事を形にして世に問うて下さった藤原書店に対し心より感謝申し上げます。

編集後記

あの時の粕谷さんへのご恩を忘れることができない。一九九〇年一月三一日。大雪の夜。小社の創立の門出を都心の某ホテルで行なった。その時に粕谷さんの姿を見かけた。こっそりひっそりとお一人で立っておられた。その時の模様を翌月の雑誌『選択』の一頁コラムで書いていただいた。その二年前、不幸なことに春から刊行を予定していた『清水幾太郎著作集』（全11巻）がご家族の意向で突然中止になった。その第一回配本の月報に、粕谷さんのお原稿を戴いていた。その縁しかない。粕谷さんは、その時の縁だけで、藤原書店立ち上げの会にわざわざ出向いていただいたのである。恐らくご自身もその数年前に都市出版を創られた思いから、一人の未熟な若者の旅立ちを祝ってくれたのだと思う。

二つ目は、後藤新平という人物を世にどう問うかを考えていた時にお会いした。後藤新平という名を出すと、粕谷さんは即座に、「いいねえ、キミはいいとこに目をつけたね」とご協力を惜しまれなかった。自分に出きることならと。二〇〇四年一一月、「後藤新平の全仕事」のプロジェクトが始まった。東大の安田講堂でその出版を記念する会を行ない、翌年に「後藤新平の会」を立ち上げた。又、その翌年には「後藤新平賞」も作った。すべて粕谷さんの暖かいご支援の下に実現したものである。

昨年は、長年構想していた粕谷一希の世界を、開米潤、新保祐司両氏の協力の下、『粕谷一希随想集』（全3巻）として出版することができた。第I巻が、亡くなられる直前に間に合った。出き上がった本を撫でておられるあの粕谷さんの姿は今も忘れることができない。粕谷さん、本当にありがとうございました。

（藤原良雄）

粕谷一希略年譜(1930-2014)

一九三〇(昭和5)年　2月4日、父義八、母みや子のもと、東京・雑司ケ谷に生まれる。

一九三一(昭和6)年　1歳　九月、満洲事変。

一九三六(昭和11)年　6歳　四月、豊島区第二高田尋常小学校に入学、小学五年生時に病気で一年間の休学を余儀なくされる。

一九三七(昭和12)年　7歳　七月、支那事変、日中戦争が本格化。

一九四一(昭和16)年　11歳　一二月、太平洋戦争始まる。

一九四三(昭和18)年　13歳　四月、旧制東京府立第五中学校(現・小石川高校)に入学。同学年に高橋英夫、四年上に中村稔がいた。文芸部に所属し、国文学の真田幸男に教わる。

一九四四(昭和19)年　14歳　秋より勤労動員で滝野川の大蔵省印刷局で働く。

一九四五(昭和20)年　15歳　四月一三日の空襲で雑司ケ谷の自宅が焼失。同級生二〇〇人の前で、憂国の思いを述べ、「開拓挺身隊」を組織する。八月一五日、中学三年生で「敗戦」を迎える。

一九四八(昭和23)年　18歳　四月、旧制第一高等学校に入学。文科乙類(ドイツ語)クラスで芳賀徹、本間長世、高階秀爾、清水徹、行天豊雄と出会う。同学年の理科には平川祐弘がいた。竹山道雄にドイツ語を学ぶ。この頃から『展望』誌(筑摩書房)を愛読。

一九五〇(昭和25)年　20歳　四月、東京大学教養学部文科一類に入学。

一九五二(昭和27)年　22歳　春、新居光の誘いで学生土曜会に入会、宇都宮徳馬の資金援助で同人誌『時代』を発行、創刊編集長となる。土曜会で岩崎寛弥、佐々淳行らと出会う。

一九五五(昭和30)年　25歳　三月、東大卒業後、竹之内静雄の紹介で中央公論社に入社。同期は近藤信行。校閲部に配属(月給一万円)。七月、月刊誌『中央公論』編集部(編集長・嶋中鵬

二）へ異動。初仕事は林健太郎の巻頭論文「世界史の転換をいかに理解するか」。一一月号で笠信太郎「政治はなぜまずいか」担当。和辻哲郎に依頼し「自叙伝の試み」を担当。一二月、小野津幸子と結婚（仲人は林健太郎）。

一九五七（昭和32）年　27歳　三月、『婦人公論』編集部へ異動、澤地久枝と同僚となる。幸田文の連載随筆「駅」を担当。

一九五八（昭和33）年　28歳　五月、長女未知子誕生。七月、出版部に異動、雑誌『思想の科学』の編集を兼務（同誌は五九年新年号より中央公論社発行となる）、鶴見俊輔らと接する。蠟山政道・中山伊知郎・尾高邦雄を中心として「現代社会科学講座」の刊行に向けて社会科学研究会を主宰、世話役を担当し、永井陽之助と出会う。田中美知太郎責任編集の「哲学用語事典」を担当するが中途に終わる。ホイジンガ『ホモ・ルーデンス』を高橋英夫訳で進め、林達夫の校閲を得る。

一九五九（昭和34）年　29歳　一二月、次女未希子誕生。

一九六〇（昭和35）年　30歳　六月、安保闘争が激化。国会周辺をデモ隊が包囲。本間長世に依頼し大村荘之助の筆名で「ある後衛の弁」を『思想の科学』「市民としての抵抗」特集号に掲載。この号をもって『思想の科学』担当を離れる。一〇月一二日、浅沼社会党委員長暗殺事件。一一月、『中央公論』一二月号に深沢七郎の創作「風流夢譚」掲載（粕谷は出版部に在籍）。皇室を侮辱するものだとして右翼団体などの猛反発を受け、社会問題に発展。

一九六一（昭和36）年　31歳　二月、『中央公論』編集部次長に就任（編集長・笹原金次郎）。二月一日、嶋中事件。夜、元右翼団体の少年が東京都新宿区内の中央公論社社長、嶋中鵬二氏宅に押し入り、嶋中夫人に刃物で切り付けたうえ、お手伝いさんを刺殺。一二月、『思想の科学』一九六二年一月新年号の「天皇制特集号」を中央公論社が独断で廃棄。この措置に抗議して編集を担当していた「思想の科学研究会」のメンバーらが同社の著作物への執筆・寄稿を拒否。

一九六三（昭和38）年　33歳　前年秋に蠟山道雄の紹介で知遇を得た高坂正堯のデビュー作「現実

主義者の平和論」を『中央公論』新年号巻頭論文として掲載。同九月号に、萩原延壽「世界を動かす七人」掲載。この頃、田中美知太郎の示唆で、京都にて山崎正和と初対面、後に『中央公論』の「芸術時評」欄執筆を依頼。

一九六六（昭和41）年　36歳　六月より、米国国務省の招待でアメリカを視察、欧州、ロシアも歴訪（計約七〇日間）。ローマでは塙義彦の紹介で塩野七生と出会い、「ルネサンスの女たち」の執筆を慫慂。

一九六七（昭和42）年　37歳　三月『中央公論』編集長に就任（七〇年まで）。

一九六八（昭和43）年　38歳　三月、長男公造誕生。日本文化会議（理事長・田中美知太郎）が発足。日本文化会議編『日本におけるジャーナリズムの特質——東西文化比較研究』（研究社出版、一九七三年刊）の執筆を分担。

一九六九（昭和44）年　39歳『綜合ジャーナリズム研究』誌の覆面座談会で知遇を得た福田章二（筆名・庄司薫）の書き下ろし「赤頭巾ちゃん気をつけて」を五月号に掲載、大きな反響を呼ぶ（七月、芥川賞受賞）。

一九七〇（昭和45）年　40歳『歴史と人物』編集長に就任、石光真人「会津人柴五郎の遺書」（のち『ある明治人の記録』中公新書）、松本重治「上海時代」（のち中公新書）、森雅夫『李陵』、白川静『孔子伝』などを手がける。

一九七三（昭和48）年　43歳　一二月、『中央公論』編集長に復帰（七六年まで）。

一九七五（昭和50）年　45歳『選択』誌に「状況'75」を連載開始、以後、欄名を変えつつ九七年九月号までの長期連載となる。

一九七六（昭和51）年　46歳『中央公論』一月号より丸谷才一の連載「文章読本」掲載、反響を呼ぶ。

一九七七（昭和52）年　47歳『中央公論 経営問題』編集長を務める。藤原作弥「運命の日　累積債務パニック」、吉田満「戦後日本に欠落したもの」を掲載。九月より『日本経済新聞』に「戦後思潮——主題と主役」を〝今鏡〟の筆名で連載。

一九七八（昭和53）年　48歳　三月、中央公論社を退社、文筆活動に入る。江藤淳の勧めで『季刊芸術』冬号より「遠藤麟一朗と世代の人々」

を連載（翌年夏号まで計三回）。

一九七九（昭和54）年　49歳　『諸君！』三月号より「対比列伝」を連載（八〇年一一月号まで）。三月、サントリー文化財団評議員となり、サントリー学芸賞選考委員となる（九一年まで）。

一九八〇（昭和55）年　50歳　一一月、前年までの連載に加筆、書き下ろしのうえ『二十歳にして心朽ちたり　遠藤麟一郎と「世代」の人々』（新潮社）を刊行。

一九八一（昭和56）年　51歳　三月『戦後思潮　知識人たちの肖像』（日本経済新聞社）を刊行。『改革者』六月号より「河合栄治郎とその派の人々」を連載。

一九八二（昭和57）年　52歳　一二月『対比列伝　戦後人物像を再構築する』（新潮社）を刊行。

一九八三（昭和58）年　53歳　五月『河合栄治郎　闘う自由主義者とその系譜』（日本経済新聞社）を刊行。『諸君！』五月号に「教祖の文学——小林秀雄と坂口安吾」を寄稿（それに対する江藤淳の批判論考「ユダの季節」が『新潮』八月号に掲載）。九月、『都会のアングル』（TBSブリタニカ）を刊行。

一九八四（昭和59）年　54歳　一月より『サンデー毎日』に編集長岩見隆夫の要請で「サンデー時評」を連載（のち『東京あんとろぽろじい』）。七月『面白きこともなき世を面白く　高杉晋作遊記』（新潮社）を刊行（『正論』誌への連載の単行本化）。

一九八五（昭和60）年　55歳　『諸君！』三月号より「鎮魂　吉田満とその時代」を連載開始（翌年一二月号で中断）。一一月、NHK・ETV8スペシャル「雑誌言論一〇〇年」にて司馬遼太郎と対談（のち一九九八年に『司馬遼太郎が語る雑誌言論一〇〇年』として中央公論社より活字化）。一二月、『東京あんとろぽろじい　人間・時間・風景』（筑摩書房）を刊行。

一九八六（昭和61）年　56歳　一月、『東京人』を創刊（当初は季刊で東京都文化振興会発行。のち隔月刊・月刊化し、二〇〇二年より都市出版発行）、編集長となる（二〇〇一年まで）。編集委員に芳賀徹、高階秀爾、芦原義信を迎える（のちに川本三郎、森まゆみ、陣内秀信が後継）。六月、季刊『アステイオン』が創刊、編集長となる（九四年冬号まで。九四〜九六年編集顧問）。

一九八七（昭和62）年　57歳　四月、都市出版株式会社を設立、社長就任（二〇日）。以後、夏号より『東京人』誌発行元となる。

一九八八（昭和63）年　58歳　一〇月、『外交フォーラム』を創刊、編集長となる（九八年まで）。坂本多加雄、御厨貴、北岡伸一らが寄稿。

一九九二（平成4）年　62歳　一月、『対談書評　歴史の読み方』（筑摩書房）刊行。

一九九四（平成6）年　64歳　一一月、編著『メディアの迷走　誇りなき報道が国を亡ぼす』（PHP研究所）。

一九九五（平成7）年　65歳　『しゃりばり』七月号（北海道総合研究調査会）より連載「ブラキストン線」開始（二〇一四年五月号まで）。

一九九六（平成8）年　66歳　六月、東京史遊会を設立（発起人：金平輝子、福原義春、北島義俊、眞仁田勉、芦原義信、近藤道生。世話人：芳賀徹、高階秀爾）。年八〜一〇回の講演会を実施（二〇一四年七月現在、通算一八〇回）。

一九九八（平成10）年　68歳　『高坂正堯著作集』全八巻（都市出版）発刊（二〇〇〇年完結）。

一九九九（平成11）年　69歳　一一月、『中央公論社と私』（文藝春秋）。

二〇〇二（平成14）年　72歳　五月、都市出版株式会社相談役に就任。

二〇〇四（平成16）年　74歳　四月、ジャパン・ジャーナル社社長に就任。一一月、「後藤新平の全仕事」（藤原書店）の編集委員に就任。寺田博、松居直、鷲尾賢也との共著『編集とは何か』（藤原書店）刊行。

二〇〇五（平成17）年　75歳　四月、連載中断後未完だった『鎮魂　吉田満とその時代』を二〇年越しで文春新書で刊行。六月、『反時代的思索者　唐木順三とその周辺』（藤原書店。『環』誌への連載の単行本化）刊行。七月、「後藤新平の会」発足、代表幹事に就任。

二〇〇六（平成18）年　76歳　七月、水木楊らを聞き手とした語り下ろし『作家が死ぬと時代が変わる　戦後日本と雑誌ジャーナリズム』（日本経済新聞社）刊行。豊島区図書館行政政策顧問に就任。

二〇〇八（平成20）年　78歳　一〇月、新版『戦後思

潮　知識人たちの肖像』（藤原書店）刊行。
一一月、「時代を変える　図書館サミット」（主催・同実行委員会、豊島区）開催、実行委員長を務める。

二〇一〇（平成22）年　80歳　五月、ジャパン・ジャーナル社社長退任。一〇月、『内藤湖南への旅』（藤原書店。『別冊東北学』『季刊東北学』誌への連載の単行本化）刊行。一一月、『〈座談〉書物への愛』（藤原書店。『環』誌での連続対談の単行本化）刊行。

二〇一一（平成23）年　81歳　四月、旭日小綬章受章。

二〇一二（平成24）年　82歳　一〇月『歴史をどう見るか　名編集者が語る日本近現代史』（藤原書店）刊行。

二〇一四（平成26）年　84歳　三月『生きる言葉　名編集者の書棚から』（藤原書店。月刊『機』誌への六年半にわたる連載の単行本化）刊行。五月『粕谷一希随想集』全三巻（藤原書店）発刊（九月完結）。五月三〇日、心不全のため逝去。六月六日、護国寺桂昌殿にて葬儀。一〇月三〇日、「粕谷一希さんを偲ぶ会」（神田・学士会館）。

＊『粕谷一希随想集』第Ⅲ巻収録の年譜に若干の加筆・訂正を行った。

石坂泰彦「粕谷一希氏を惜しむ」　『環』59 号
高坂節三「粕谷一希さんと私――続編」　『環』59 号
多湖實之「“編集人”粕谷一希さん」　『環』59 号
高田　宏「「風紋」仲間」　『環』59 号
水木　楊「江戸っ子の精神」　『粕谷一希随想集』月報 2
小島英記「励ます人」　『環』59 号
新保祐司「「醬油組」の天下の戦後を超えて」　『産経新聞』2014年8月15日
尾崎真理子「死してなお，励ます人」　『豊島区立中央図書館報　図書館通信』34 号（2014 年秋）
小島　亮「小さな星の時間」　『環』59 号
山本和之「「孫」世代から見た粕谷さん」　『環』59 号
植田康夫「「一切の政治は厭」という言葉の重み」　『週刊読書人』2014 年 7 月 4 日／7 月 11 日号「風来」欄
奥　武則「「節操」重んじた言論人」　『毎日新聞』2014 年 7 月 28 日
高野之夫「「文化芸術創造都市」を支えた編集力」　『東京人』2014 年 11 月号（都市出版）
水谷千尋「評論 文彩の奥に詩精神」　『環』59 号
眞仁田勉「粕谷先生と鈴木都政の“文化黄金期”」　『東京人』2014 年 11 月号
青山　佾「大いなる文化人を失った」　『後藤新平の会会報』12 号
松田昌士「多くを教えていただいた――冥福を祈る」　『後藤新平の会会報』12 号
橋本五郎「深き叡智と他者への愛」　『読売新聞』2014 年 6 月 14 日「五郎ワールド」欄

新保祐司「「声低く」語られた叡智の言葉」　『粕谷一希随想集 I 』解説（2014 年 5 月，藤原書店）
富岡幸一郎「教養主義の残照とポストモダン」　『粕谷一希随想集 II 』解説（2014 年 7 月，藤原書店）
川本三郎「生涯一編集者を貫いた粕谷一希さん」　『粕谷一希随想集 III 』解説（2014 年 9 月，藤原書店）

粕谷幸子「“夫”に関するいくつかのこと」　『粕谷一希『中央公論』『歴史と人物』編集後記集』2014 年 10 月 31 日（都市出版）／『環』59 号

半藤一利「開眼の先達」　『粕谷一希随想集』月報3
東　真史「出会いと別れ」　『環』59号

三谷太一郎「媒介者としての編集者」　『環』59号
塩野七生「出会い」　『粕谷一希随想集』月報2
田久保忠衛「共通点は河合栄治郎と誕生日」　『環』59号
中村良夫「編集者とは誰か」　『粕谷一希随想集』月報3
藤原作弥「粕谷さんをめぐる〈歴史〉と〈人物〉」　『後藤新平の会会報』12号（2014年7月）
藤森照信「リベラリズムと都市への関心」　『粕谷一希随想集』月報1
川本三郎「良き書生だった大編集者，粕谷一希さん」　『文學界』2014年8月号
陣内秀信「『東京人』創刊への粕谷さんの思い」　『粕谷一希随想集』月報3
森まゆみ「粕谷さんの支え」　『粕谷一希随想集』月報1
今橋映子「世代を超えて」　『粕谷一希随想集』月報3
大笹吉雄「恩」　『環』59号
杉原志啓「「思想の右，左を問わず」の口ぶり」　『環』59号
佐伯順子「読書会以来三十年」　『環』59号
小玉　武「総合雑誌の季節――粕谷一希氏を偲んで」　『環』59号
今井　渉「人の出会いを創る楽しみ」　『環』59号
石川九楊「もの言わずして，もの言う唇」　『粕谷一希随想集』月報3
藤井宏昭「広大な視野のプロデューサー」　『環』59号
近藤誠一「孤高の文人，粕谷さんを偲んで」　『環』59号
給田英哉「粕谷さんの知遇を得て」　『環』59号
阿川尚之「食い逃げの記憶」　『環』59号
大石　眞「含羞の人，粕谷さん」　『環』59号
中西　寛「救われ，励まされた思い出」　『環』59号
宮城大蔵「「今にして思えば……」の連続」　『環』59号
細谷雄一「「本を書くこと」の大切さ」　『環』59号

大出俊幸「歴史好きの編集者だった粕谷さん」　『環』59号
加藤丈夫「粕谷さんと東京史遊会」　『後藤新平の会会報』12号
大黒　昭「家内にとっても大恩人」　『環』59号

初出一覧

本書収録にあたり，タイトル・本文を変更した場合があります

塩野七生「ある出版人の死」　『文藝春秋』2014 年 8 月号
芳賀　徹「弔辞　同時代イデオロギーの横着ぶりを嫌った君へ」　『中央公論』2014 年 8 月号

高橋英夫「旧制五中時代の粕谷一希」　『粕谷一希随想集』月報 3（2014 年 9 月，藤原書店）
清水　徹「粕谷一希宛の最後の手紙」　『粕谷一希随想集』月報 2（2014 年 7 月，藤原書店）
芳賀　徹「旧友への鎮魂と感謝の一節」　『粕谷一希随想集』月報 2
本間千枝子「粕谷一希さんの深く熱い友情」　『環』59 号（2014 年 10 月，藤原書店）
平川祐弘「年長者としての粕谷一希」　『粕谷一希随想集』月報 1（2014 年 5 月，藤原書店）
佐々淳行「巨星墜つ――粕谷一希の死」　『環』59 号
中村　稔「幅広い眼くばり・才能を発見する才能」　『粕谷一希随想集』月報 1
根本二郎「粕谷さんを想う」　『環』59 号
尾崎　護「粕谷一希先輩のこと」　『環』59 号
鈴木博之「歴史を見る目」　『粕谷一希随想集』月報 1
御厨　貴「粕谷さんと僕――永遠の先輩後輩関係」　『アステイオン』81 号（2014 年 11 月，サントリー文化財団）
春山明哲「二つの校歌の「親和力」――寒水・伊藤長七と粕谷さん」　『環』59 号
澤地久枝「粕谷さんの思い出」　『環』59 号
利根川裕「遅くなりすぎたお礼」　『環』59 号
宮　一穂「粕谷さん，ありがとうございます」　『環』59 号
近藤大博「雑司ヶ谷で名編集長を家庭教師として」　『環』59 号
河野通和「「史•哲•文」の人――粕谷一希氏を偲ぶ」　『アステイオン』81 号
田中健五「粕谷氏の時代」　『粕谷一希随想集』月報 3

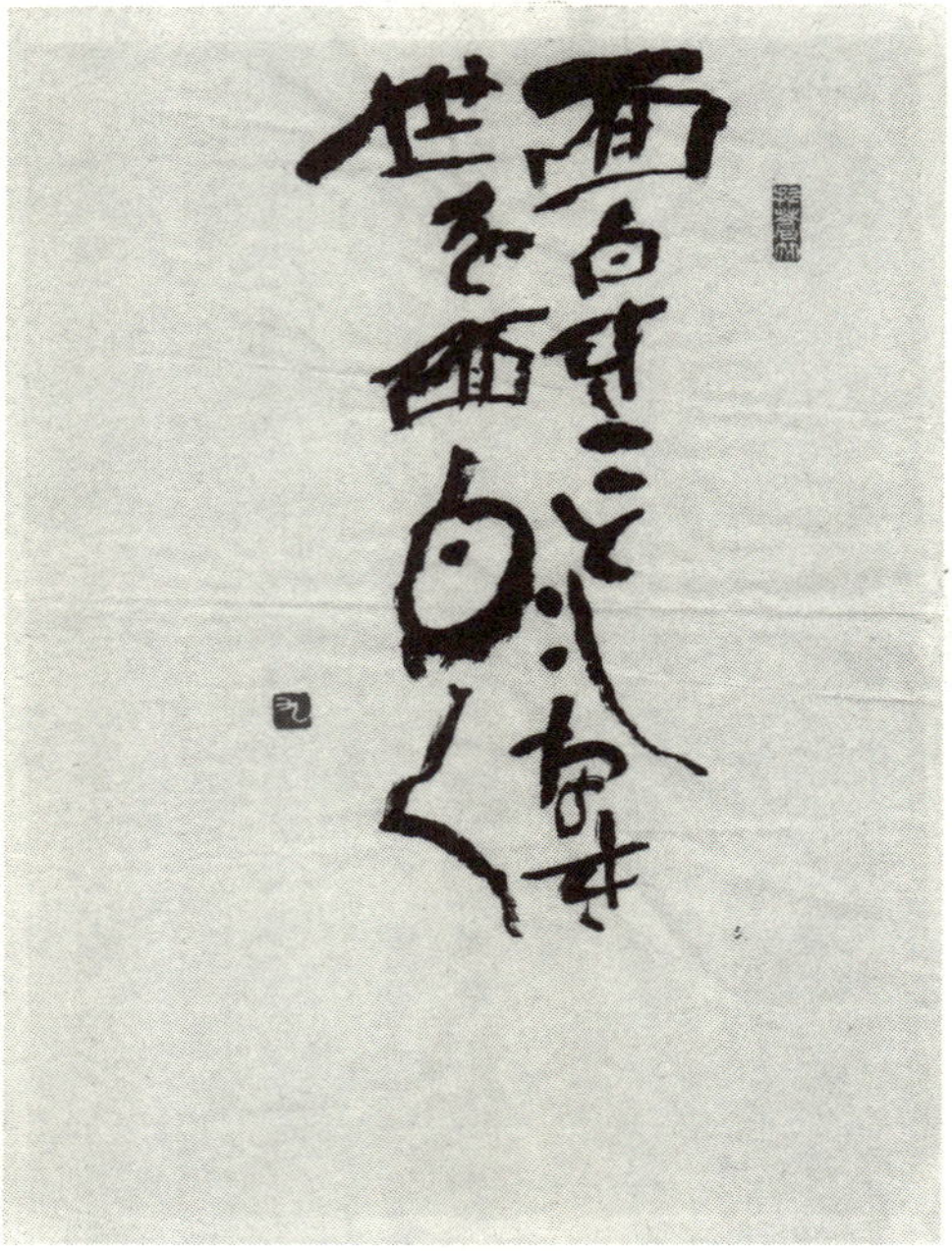

粕谷家の居間に飾られてある
石川九楊氏筆の高杉晋作の言葉

名伯楽《めいはくらく》——粕谷一希《かすやかずき》の世界《せかい》

2015年5月30日　初版第1刷発行©

編　者　藤原書店編集部

発行者　藤　原　良　雄

発行所　株式会社　藤　原　書　店

〒162-0041　東京都新宿区早稲田鶴巻町523
電　話　03（5272）0301
ＦＡＸ　03（5272）0450
振　替　00160 - 4 - 17013
info@fujiwara-shoten.co.jp

印刷・製本　中央精版印刷

落丁本・乱丁本はお取替えいたします
定価はカバーに表示してあります

Printed in Japan
ISBN978-4-86578-027-7

2 **1947年** **解説・富岡幸一郎**

「占領下の日本文学のアンソロジーは、狭義の『戦後派』の文学をこえて、文学のエネルギイの再発見をもたらすだろう。」（富岡幸一郎氏）

中野重治「五勺の酒」／**丹羽文雄**「厭がらせの年齢」／**壺井榮**「浜辺の四季」／**野間宏**「第三十六号」／**島尾敏雄**「石像歩き出す」／**浅見淵**「夏日抄」／**梅崎春生**「日の果て」／**田中英光**「少女」

296頁　**2500円**　◇978-4-89434-573-7（2007年6月刊）

3 **1948年** **解説・川崎賢子**

「本書にとりあげた1948年の作品群は、戦争とＧＨＱ占領の意味を問いつつも、いずれもどこかに時代に押し流されずに自立したところがある。」（川崎賢子氏）

尾崎一雄「美しい墓地からの眺め」／**網野菊**「ひとり」／**武田泰淳**「非革命者」／**佐多稲子**「虚 偽」／**太宰治**「家庭の幸福」／**中山義秀**「テニヤンの末日」／**内田百閒**「サラサーテの盤」／**林芙美子**「晩菊」／**石坂洋次郎**「石中先生行状記――人民裁判の巻」

312頁　**2500円**　◇978-4-89434-587-4（2007年8月刊）

4 **1949年** **解説・黒井千次**

「1949年とは、人々の意識のうちに『戦争』と『平和』の共存した年であった。」（黒井千次氏）

原民喜「壊滅の序曲」／**藤枝静男**「イペリット眼」／**太田良博**「黒ダイヤ」／**中村真一郎**「雪」／**上林暁**「禁酒宣言」／**中里恒子**「蝶蝶」／**竹之内静雄**「ロッダム号の船長」／**三島由紀夫**「親切な機械」

296頁　**2500円**　◇978-4-89434-574-4（2007年6月刊）

5 **1950年** **解説・辻井喬**

「わが国の文学状況はすぐには活力を示せないほど長い間抑圧されていた。この集の短篇は復活の最初の徴候を揃えたという点で貴重な作品集になっている。」（辻井喬氏）

吉行淳之介「薔薇販売人」／**大岡昇平**「八月十日」／**金達寿**「矢の津峠」／**今日出海**「天皇の帽子」／**埴谷雄高**「虚空」／**椎名麟三**「小市民」／**庄野潤三**「メリイ・ゴオ・ラウンド」／**久坂葉子**「落ちてゆく世界」

296頁　**2500円**　◇978-4-89434-579-9（2007年7月刊）

6 **1951年** **解説・井口時男**

「1951年は、重く苦しい戦後、そして、重さ苦しさと取り組んできた戦後文学の歩みにおいて、軽さというものがにわかにきらめきはじめた最初の年ではなかったか。」（井口時男氏）

吉屋信子「鬼火」／**由起しげ子**「告別」／**長谷川四郎**「馬の微笑」／**高見順**「インテリゲンチア」／**安岡章太郎**「ガラスの靴」／**円地文子**「光明皇后の絵」／**安部公房**「闖入者」／**柴田錬三郎**「イエスの裔」

320頁　**2500円**　◇978-4-89434-596-6（2007年10月刊）

7 **1952年** **解説・髙村薫**

「戦争や飢餓や国家の崩壊といった劇的な経験に満ちた時代は、それだけで強力な磁場をもつ。そうした磁場は作家を駆り立て、意思を越えた力が作家に何事かを書かせるということが起こる。そのとき、奇跡のように表現や行間から滲みだして登場人物や物語の空間を浸すものがあり、それをわたくしたちは小説の空間と呼び、力と呼ぶ。」（髙村薫氏）

富士正晴「童貞」／**田宮虎彦**「銀心中」／**堀田善衛**「断層」／**井上光晴**「一九四五年三月」／**西野辰吉**「米系日人」／**小島信夫**「燕京大学部隊」

304頁　**2500円**　◇978-4-89434-602-4（2007年11月刊）

編集者はいかなる存在か？

編集とは何か

粕谷一希／寺田博／松居直／鷲尾賢也

〝手仕事〟としての「編集」。〝家業〟としての「出版」。各ジャンルで長年の現場経験を積んできた名編集者たちが、今日の出版・編集をめぐる〝危機〟を前に、次世代に向けて語り尽くす、「編集」の原点と「出版」の未来。

第Ⅰ部　編集とは何か
第Ⅱ部　私の編集者生活
第Ⅲ部　編集の危機とその打開策

四六上製　二四〇頁　**二二〇〇円**
（二〇〇四年一一月刊）
◇978-4-89434-423-5

唐木から見える〝戦後〟という空間

反時代的思索者
（唐木順三とその周辺）

粕谷一希

哲学・文学・歴史の狭間で、戦後の知的限界を超える美学＝思想を打ち立てた唐木順三。戦後のアカデミズムとジャーナリズムを知悉する著者が、「故郷・信州」「京都学派」「筑摩書房」の三つの鍵から、不朽の思索の核心に迫り、〝戦後〟を問題化する。

四六上製　三二〇頁　**二五〇〇円**
（二〇〇五年六月刊）
◇978-4-89434-457-0

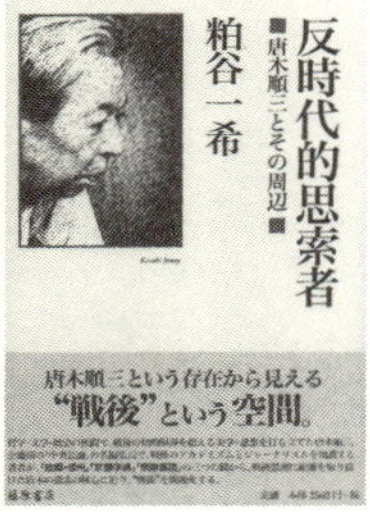

「新古典」へのブックガイド！

戦後思潮
（知識人たちの肖像）

粕谷一希
解説対談＝御厨貴

敗戦直後から一九七〇年代まで、時代の精神を体現し、戦後日本の社会・文化に圧倒的な影響を与えてきた知識人全一三三人を、ジャーナリストの眼で鳥瞰し、「新古典」ともいうべき彼らの代表的著作を批評する。古典と切り離された平成の読者に贈る、「新古典」への最良のブックガイド。

写真多数

A５変並製　三九二頁　**三二〇〇円**
（二〇〇八年一〇月刊）
◇978-4-89434-653-6

最高の漢学者にしてジャーナリスト

内藤湖南への旅

粕谷一希

中国文明史の全体を視野に収めつつ、同時代中国の本質を見抜いていた漢学者（シノロジスト）にしてジャーナリストであった、京都学派の礎を築いた内藤湖南（一八六六―一九三四）。日本と中国との関係のあり方がますます問われている今、湖南の時代を射抜く透徹した仕事から、我々は何を学ぶことができるのか？

四六上製　三二〇頁　**二八〇〇円**
（二〇一一年一〇月刊）
◇978-4-894434-825-7

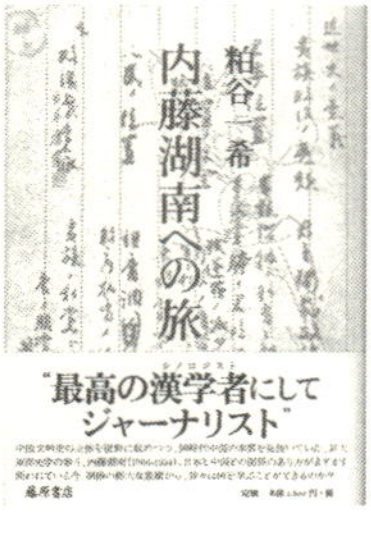

時代と切り結んだ名編集者の珠玉の文章群

粕谷一希随想集（全3巻）

四六変型上製　各巻口絵・月報付　〈題字〉石川九楊

日本近代が育んだ良質な教養に立脚する編集者として、また高杉晋作、吉田満、唐木順三らの評伝を手がけた評論家として、時代と人物の本質を剔抉する随想を紡いできたジャーナリストの30年以上にわたる著述の中からエッセンスを精選！

■本随想集を推す！

名編集者の想いの集大成　**塩野七生**（作家）
寛容を尊ぶリベラリスト　**陣内秀信**（建築史家）
日本のあり方を問い続けてきた同時代の編集者　**半藤一利**（作家）
リベラリズムの土壌に根を張った古木　**福原義春**（資生堂名誉会長）

Ⅰ 忘れえぬ人びと

〈解説〉**新保祐司**

「昭和」を背負った吉田満をはじめ、萩原延壽、永井陽之助、高坂正堯ら同時代人たち、そして波多野精一、唐木順三、鈴木成高ら先人たちへの思い。

[月報]鈴木博之・中村稔・平川祐弘・藤森照信・森まゆみ

400頁　**3200円**　◇978-4-89434-968-1（第1回配本／2014年5月刊）

Ⅱ 歴史散策

〈解説〉**富岡幸一郎**

高杉晋作、後藤新平、河合栄治郎、和辻哲郎、内藤湖南ほか、及び『環』誌好評連載「明治メディア史散策」所収。

[月報]清水徹・加藤丈夫・塩野七生・芳賀徹・水木楊

400頁　**3200円**　◇978-4-89434-981-0（第2回配本／2014年7月刊）

Ⅲ 編集者として

〈解説〉**川本三郎**

生涯“一編集者”として生きた著者の、編集、出版、そしてジャーナリズムへの視線とは。人と人とのつながりに基づく家業としての編集を原点とした、不朽の出版論の集成。

[月報]石川九楊・今橋映子・陣内秀信・高橋英夫・田中健五・中村良夫・半藤一利・藤原作弥

432頁　**3200円**　◇978-4-89434-988-9（第3回配本／2014年9月刊）